Landbuch
Verlag Hannover

Europäische Landschildkröten

Ein Tier-Ratgeber in Zusammenarbeit mit dem Zentralverband Zoologischer Fachbetriebe e.V. (ZZF)

Das Zusammenleben mit Tieren ist wunderschön. Jedoch nur, wenn Tier und Mensch sich dabei wohl fühlen. Damit eine harmonische Partnerschaft zwischen Tier und Mensch entsteht, muss der Mensch verantwortungsvoll mit seinem Tier umgehen – vom überlegten Kauf bis zur artgemäßen Unterbringung, Ernährung und Pflege. Eine verantwortungsvolle Heimtierhaltung fördert den Tierschutz. Wie, das zeigen wir Ihnen auf den folgenden Seiten.

Der Autor

Die Natur und die Tierwelt faszinieren Rüdiger Daum seit seiner frühesten Jugend. Schon als Kind entwickelte er eine besondere Vorliebe für Schildkröten, die ihn mit ihrer »vorsintflutlichen« Art in den Bann zogen. Sein fundiertes Wissen setzt er bei der artgerechten Haltung der Tiere um.

Verantwortungsvoll mit Tieren leben

INFO

Farben führen Sie durch diesen farbigen Tier-Ratgeber

- **Teil 1 erläutert alles Wissenswerte, was man vor der Anschaffung über Europäische Landschildkröten wissen sollte.**
- **Teil 2 informiert über den Schildkrötenkauf und die Arten, die Sie halten können.**
- **Teil 3 erläutert, wie man Landschildkröten richtig unterbringt und überwintert.**
- **Teil 4 informiert über Ernährung, Pflege, Krankheiten und Zucht.**

Unser Motto: Verantwortungsvoll mit Tieren leben – das heißt: Freude an Landschildkröten haben,
- **weil sie artgerecht gehalten werden,**
- **weil Sie wissen, was sie brauchen,**
- **weil Sie Ihre Tiere gut verstehen.**

1 LANDSCHILDKRÖTEN ALS HEIMTIERE?

2 DER KAUF UND DIE ARTEN

UNTERBRINGUNG RUND UMS JAHR

RUND UM PFLEGE UND ZUCHT

Landschildkröten als Heimtiere?

EUROPÄISCHE LANDSCHILDKRÖTEN ZÄHLEN OHNE ZWEIFEL ZU DEN INTERESSANTESTEN HEIMTIEREN. DOCH BEVOR SIE SICH EINES ODER MEHRERE DIESER TIERE ANSCHAFFEN, SOLLTEN SIE WISSEN, WAS AUF SIE ZUKOMMT. FÜR MENSCH UND TIER HÄTTE ES TRAURIGE FOLGEN, WENN MAN GEDANKENLOS EINE LANDSCHILDKRÖTE KAUFT, OHNE SICH DER BEDÜRFNISSE DES TIERES BEWUSST ZU SEIN.

So war es einmal

Früher hat man sich über die artgerechte Haltung von Landschildkröten nicht allzu viel Gedanken gemacht. Für ein paar Mark konnte man sich so ein Tier kaufen. Es gab unzählige Haushalte, in denen eine Landschildkröte oder gleich mehrere Exemplare zu finden waren. Aus Unwissenheit und vielleicht oft auch aus Bequemlichkeit wurden die Landschildkröten häufig falsch gepflegt. Meist fristeten sie ihr karges, trostloses Leben auf dem Fußboden in der Wohnung oder irgendwo im Garten.

Europäische Landschildkröten sind beliebte Heimtiere. Hält man sie artgerecht, hat man viele Jahre Freude an diesen interessanten Tieren.

Gepanzert und genügsam?
Schon in der Antike galten Schildkröten als genügsame Lebewesen, die geschützt durch ihren Körperpanzer angeblich allen Widrigkeiten ihres Lebens trotzen könnten. Auch ihr bedächtiges Wesen verlieh ihnen den Anschein, nichts könne sie aus der Ruhe bringen. Leider entspricht dieses Bild nicht der Wirklichkeit.
Der landläufigen Meinung, Landschildkröten seien pflegeleichte, robuste und genügsame Lebewesen, steht eine bedrückende Tatsache gegenüber: Von den in der Vergangenheit zu Hunderttausenden importierten Landschildkröten haben nur die wenigsten das erste Jahr in Menschenobhut überhaupt überlebt. Manche starben schon nach wenigen Wochen, weil sie den Strapazen des Fangs und des Transports bis zum Käufer nicht gewachsen waren. Andere siechten durch falsche Haltung jahrelang dahin, bis der Tod sie schließlich erlöste. Dieses langsame Sterben unterstützte nur allzu oft den Eindruck von der Robustheit der Landschildkröten.

Die Zeiten haben sich geändert
Mittlerweile gibt es ein Importverbot für in der Natur gefangene Landschildkröten. Heute sind die Tiere nur noch aus Nachzuchten zu haben, zum Beispiel im Zoofachhandel. Und jeder Zoofachhändler bemüht sich – wie dieser Ratgeber – zu vermitteln, dass Landschildkröten nur bei artgerechter Pflege viele Jahrzehnte als Heimtier leben können. Erfüllt man die Lebensbedürfnisse dieser faszinierenden Tiere, schenken sie ihrem Besitzer oder ihrer Besitzerin viele schöne und spannende Momente, die ganz gewiss keiner mehr missen möchte.
Durch artgerechte Pflege ist sogar die Nachzucht nicht mehr dem Zufall überlassen. So bleibt die Schildkrötenzucht nicht mehr nur den wenigen Spezialisten vorbehalten.
Bevor Sie sich also für eine Landschildkröte (oder besser zwei oder sogar mehrere) entscheiden, sollten Sie prüfen, ob Sie in der Lage sind, dem Heimtier Landschildkröte ein langes und gesundes Leben zu ermöglichen.

Wer kommt da ins Haus?

Keineswegs sind Europäische Landschildkröten als phlegmatische und gedankenlose »Panzer« zu bezeichnen. Jeder, der schon einmal Gelegenheit hatte, diese Tiere an einem schönen Sonnentag in einem Freigehege oder auch in der natürlichen Umgebung zu beobachten, wird bestätigen, wie aufgeweckt sie doch sind. Nicht umsonst wird die Schildkröte in manchen Kulturkreisen als weise und gelehrt beschrieben. Man braucht eine Landschildkröte nur einmal dabei zu beobachten, wie sie zielsicher dem Futternapf zustrebt, das Futter andächtig beschnuppert, um dann die besten Leckerbissen herauszusuchen.

URTIERE

Lange, bevor es Menschen gab, bevölkerten Schildkröten unsere Erde – das liegt immerhin mehr als 200 Millionen Jahre zurück. Manche Arten erreichten bis zu 6 m Länge. Versteinerungen beweisen, dass sogar in Mitteleuropa in der warmen Tertiärzeit – vor etwa 65 Millionen Jahren – Landschildkröten gelebt haben. Später verschoben sich mit dem Abklingen der Temperaturen die Klimazonen. Die Landschildkröten fanden nun in unseren Breiten keine idealen Lebensbedingungen mehr vor und wanderten ab oder starben aus. Heute zählt man weltweit ungefähr 50 Landschildkrötenarten.

Schildkröten brauchen Wärme
Landschildkröten gehören zu den Reptilien und sind somit wechselwarme Lebewesen. Wechselwarm bedeutet, dass die Tiere immer die Umgebungstemperatur als Körpertemperatur annehmen. Anders als der Mensch, der ein Warmblüter ist, sind sie nicht in der Lage, ihre eigene Körpertemperatur zu erzeugen. Damit wichtige Stoffwechselvorgänge, wie beispielsweise die Verdauung, funktionieren können, muss eine Landschildkröte ihre Körpertemperatur erhöhen, indem sie sich von der Sonne aufheizen lässt. Einer Überhitzung beugt sie vor, indem sie

mit Erreichen ihrer Vorzugskörpertemperatur rechtzeitig den Schatten aufsucht. So sind Landschildkröten in der Lage, ihre Körpertemperatur wenigstens ein bisschen konstant zu halten. Aufgrund ihrer generellen Vorliebe für Sonne und Wärme kommen alle Schildkrötenarten nur in warmen Klimazonen vor. Einige Arten können unwirtliche Jahreszeiten mit großer Kälte oder Hitze in einem schlafähnlichen Zustand überdauern. Sie verbringen solche Zeiten in einem sicheren, frostfreien Versteck, das sie erst wieder verlassen, wenn ihnen das Klima angenehm erscheint.

Gepanzert von Kopf bis Fuß

Das Auffälligste an einer Schildkröte ist ihr eigentümlicher Körperbau. Je nach Art wölbt sich der knöcherne Rückenpanzer mehr oder weniger hoch. In Verbindung mit dem Bauchpanzer ergibt sich daraus ein solider Schutz. Der Kopf, die Beine und der Schwanz können fast vollständig unter den Rückenpanzer gezogen werden. Auf diese Weise sind die Tiere vor so manchem Angriff geschützt.
Die Bauchpanzerung ist bei Jungtieren und Weibchen flach. Beim Männchen wölbt sie sich mit zunehmendem Alter nach innen. Außer bei sehr jungen Tieren ist der gesamte Schildkrötenpanzer hart.
Landschildkröten besitzen eine hornige Haut mit unterschiedlich großen Schuppen. Beim Wachstum wird immer die äußerste Hautschicht in Fetzen abgestoßen.

Was die Sinne leisten

Viele Menschen halten Schildkröten nicht nur für schwerfällig, sondern auch für stumpfsinnig. Welch ein Irrtum! Die Sinne einer Landschildkröte

Landschildkröten, wie diese Galapagosschildkröten, vermitteln einen Ehrfurcht gebietenden Eindruck von dieser Millionen Jahre alten Tierart.

So sieht der natürliche Lebensraum der Maurischen Landschildkröten im Süden Marokkos aus.

sind unterschiedlich weit entwickelt. Aufgrund ihrer Lebensweise auf dem Boden verfügt sie über ein feines Gespür für Erschütterungen. Auch ihr Gehör ist gut ausgebildet. Nähern sich Feinde, ist beides von Vorteil. Trotzdem suchen Landschildkröten ihr Heil nicht in der Flucht, sondern vertrauen ihrem schützenden Panzer.

Zu den Ammenmärchen zählt ebenfalls die Meinung, Schildkröten würden schlecht sehen oder gar blind sein. Diese Tiere können sehr differenziert Farben und Formen sehen. Auch ihren Pfleger erkennen sie.

Was wir unter Stimme verstehen, besitzen Ihre künftigen Pfleglinge nicht. Mehr als ein Keuchen oder Stöhnen geben sie nicht von sich.

Am besten von allen Sinnen ist bei Landschildkröten der Geruchssinn entwickelt. Ständig wird alles ausgiebig beschnuppert. Dabei spielt es überhaupt keine Rolle, ob es sich um einen Artgenossen oder eine leckere Futterpflanze handelt.

Wer Landschildkröten noch nicht hautnah erlebt hat, wird es kaum glauben: Diese Tiere verfügen über ein ausgezeichnetes Gedächtnis. Im Freiland bemerkt man dies am ehesten. Die Schildkröten sind regelmäßig in denselben Verstecken anzutreffen. Auch erkennen sie sehr schnell, wo ein »Ausbruchversuch« im Freilandterrarium am erfolgreichsten zu bewerkstelligen ist. Haben sie erst einmal eine Schwachstelle entdeckt, werden sie frühestens nach deren Beseitigung durch den Pfleger davon ablassen. Auf das Verhalten der Landschildkröte wird in den folgenden Kapiteln noch ausführlicher eingegangen.

Was Sie bedenken sollten

Wenn man die Bedürfnisse der Landschildkröten erfüllt, sei es zum Beispiel ihre Wärmeliebe oder abwechslungs- und vitaminreiches Futter, dann wird man viel Freude an ihnen haben. Zuvor sollten Sie jedoch noch das Folgende bedenken:

Landschildkröten werden alt

Zum Alter von Landschildkröten gibt es viele Legenden und Gerüchte. »So alt werden wie Methusalem« ist nur einer der vielen Aussprüche, die man den Schildkröten nachsagt. Auch wenn das biblische Alter Methusalems für eine Schildkröte eher unwahrscheinlich erscheint, so ist es doch sicher, dass manche Arten hundert und mehr Jahre erreichen können.

Für die häufig als Heimtier gehaltene Griechische Landschildkröte sind zum Beispiel vierzig bis fünzig Jahre nicht selten – und das ist sicher noch nicht das Höchstalter. Über das Alter freilebender Tiere in ihrem natürlichen Lebensraum ist nur wenig bekannt. Bei anderen Arten, etwa Riesenschildkröten, sind Altersrekorde von weit mehr als hundert Jahre registriert und somit verbürgt. Hin und wieder findet man Landschildkröten, die einen verwitterten und alt erscheinenden Panzer tragen, aber solche Greise sind mittlerweile in ihrem Biotop durch die vielfältige Bedrohung ihrer Lebensräume selten geworden.

Diese schon recht alte Griechische Landschildkröte nimmt ein Sonnenbad. Das Aufwärmen in der Sonne ist für jede Landschildkröte lebenswichtig.

Landschildkröten und Kinder
Wie jedes andere Heimtier darf man auch Landschildkröten nicht als lebendes Spielzeug für Kinder betrachten. Bei richtiger Pflege – unter Aufsicht und Anleitung der Eltern – sind sie aber ohne weiteres auch in Kinderhand dankbare Pfleglinge. Es gibt nicht wenige Kinder, die von den »vorsintflutlichen« Tieren begeistert sind und nur zu gern die Verantwortung für ihr Wohlergehen und ihre Pflege übernehmen. Wobei selbstverständlich der mehr oder weniger strenge Kontrollblick – je nach Alter der Kinder – und die helfende Hand der Eltern nie fehlen sollten.
Das fehlende Haar- oder Federkleid lässt Landschildkröten sogar für Allergiker ideal erscheinen.

Ein gut erzogener Hund wird einer Landschildschildkröte nichts anhaben. Ohne Aufsicht sollte man die beiden jedoch nicht zusammenlassen.

Auch Schildkröten kosten Zeit
Die Pflege von Landschildkröten nimmt zwar wesentlich weniger Zeit in Anspruch als beispielweise die eines Hundes oder einer Katze. Was aber nicht bedeutet, dass man sie so ganz nebenbei halten kann. Man muss sich täglich um ihre Nahrung kümmern, denn eine abwechslungs- und vitaminreiche Ernährung ist unerlässlich.
Die Nahrungsbeschaffung schlägt zeitlich nicht sonderlich spürbar zu Buche, wenn im Haushalt Obst und Gemüse ohnehin täglich auf dem Speiseplan stehen. Wer allerdings vegetarische Kost eher als Kaninchenfutter und weniger als Bestandteil einer gesunden Ernährung betrachtet, sollte diese »Lebensart« nicht bei seinen Schildkröten praktizieren. Mit ein paar Salatblättern lassen Schildkröten sich nicht artgemäß ernähren. Die Tiere werden bei so einer spärlichen Kost schlichtweg krank! Die Zeit, um den Schildkrötenspeiseplan (siehe Seiten 43 bis 46) zu erfüllen, müssen Sie sich unbedingt nehmen. Wer nicht bereit ist, sein Tier oder

seine Tiere in den Kreis seiner täglichen »eisernen« Pflichten einzubeziehen, möge sich bitte keine Landschildkröten anschaffen.

Auch für Berufstätige geeignet

Landschildkröten eignen sich durchaus für Berufstätige, die einen einigermaßen regelmäßigen Lebensrhythmus haben. Im Gegensatz zu vielen anderen Heimtieren sind Schildkröten nicht auf menschliche Streicheleinheiten angewiesen. Auf ihre ganz eigene, urtümliche Schildkrötenart stellen diese Tiere gerade in unserer hektischen und arbeitsreichen Zeit einen wunderbar entspannenden Pol dar. Doch was auch immer der berufliche Alltag bringt: Die artgemäße Haltung und Pflege Ihrer Heimtiere muss gewährleistet sein!

Was Schildkröten brauchen

Können Sie Landschildkröten artgemäß unterbringen? Diese Frage ist sehr wichtig, denn auf gar keinen Fall ist es möglich, ein Tier in einer simplen Kiste unterzubringen oder das ganze Jahr über auf dem Balkon beziehungsweise im Garten zu halten. Landschildkröten sind wärmeliebend und unser Klima ist generell zu kalt und zugig. Nur allzu leicht erkälten sich die Tiere, besonders wenn der Sommer wieder einmal verregnet ist.

Um die Bedürfnisse nach Wärme und Helligkeit erfüllen zu können, ist ein beheizter Platz nötig. Dort muss mithilfe verschiedener Heizelemente und Lichtquellen für ein warmes Klima gesorgt werden. In der Regel lassen sich diese unumgänglichen Anforderungen nur mit einem entsprechend ausgestatteten Terrarium erfüllen. Das bedeutet, Sie müssen bereit sein, für eine artgemäße Unterbringung eine gewisse Summe zu investieren.

Beim Thema Unterbringung ist auch die notwendige Überwinterung der Landschildkröten zu bedenken. Gibt es dafür in Ihrem Haushalt einen passenden kühlen Platz (siehe Seite 37)?

DIE URLAUBSFRAGE

Was tun im Urlaub? Ideal wäre es, wenn jemand aus dem Bekannten- oder Verwandtenkreis die Schildkröten an Ort und Stelle zuverlässig versorgen könnte. Wenn dies nicht möglich ist, wird sicherlich der Zoofachhändler weiterhelfen können. Der Verbleib des Tieres (oder der Tiere) im Urlaub kann schon beim Kauf abgeklärt werden. In jedem Fall aber sollte man sich rechtzeitig vor dem Urlaub Gedanken machen und sich um einen Pflegeplatz oder »Urlaubspfleger«kümmern. Geeignete Pflegeplätze stehen nicht unbegrenzt zur Verfügung!

Die Breitrandschildkröte kann bis zu 35 cm groß werden.

DER KAUF UND DIE ARTEN

SCHILDKRÖTENKAUF IST HEUTE MEHR DENN JE VERTRAUENSSACHE. UND MAN IST WIRKLICH GUT BERATEN, WENN MAN DAZU EINEN KENNTNISREICHEN, ERFAHRENEN ZOOFACHHÄNDLER AUFSUCHT. BEVOR SIE DIE INFRAGEKOMMENDEN ARTEN ETWAS NÄHER KENNEN LERNEN, FINDEN SIE IM FOLGENDEN EINIGES ÜBER DAS ARTENSCHUTZGESETZ.

Wissenswertes über Artenschutz

Wenn Sie zum Kauf Ihrer Landschildkröten ein Zoofachgeschäft aufsuchen, sind Sie aller »gesetzlichen« Sorgen enthoben, denn der Zoofachhändler kennt die Artenschutzbestimmungen und hält sich daran. Dennoch sollten Sie selbst einiges über den Artenschutz wissen. Mit dem Kauf von Landschildkröten bekommt man ja schließlich einen der rar gewordenen Schätze der Natur in die Hände.
Die nationalen, EU-weiten und internationalen Artenschutzbestimmungen sind einem mehr oder weniger ständigen Wandel unterworfen. An den grundlegenden Tatbeständen, von denen im Folgenden die Rede sein wird, ändert sich wohl kaum etwas.

Werden die Lebensbedürfnisse der Europäischen Landschildkröten erfüllt, sind es ideale Heimtiere – auch für Kinder und Jugendliche.

Vom Aussterben bedroht
Alle in diesem Buch aufgeführten europäischen Landschildkrötenarten sind in ihrer natürlichen Umgebung vom Aussterben bedroht und daher streng geschützt. Der Fang dieser Arten oder der Handel mit Wildfängen ist strikt verboten.

»Personalausweis« für jedes Tier
Mit einer behördlichen Sondergenehmigung dürfen allerdings Nachzuchttiere gehandelt werden. Die entsprechende Behörde stellt zu diesem Zweck eine spezielle Bescheinigung aus, die sozusagen als Personalausweis des einzelnen Tieres gilt. Diese Bescheinigung wird Cites genannt.
Der »Ausweis« gibt Auskunft über die wissenschaftliche und herkömmliche Bezeichnung der Art, den Schutzstatus, das Nachzucht- beziehungsweise Geburtsdatum, um nur die wichtigsten Vermerke aufzuzählen. Außerdem befindet sich auf dem Dokument der

Name und die Anschrift des Inhabers. Bei dem Inhaber kann es sich um den Zoofachhändler oder den Züchter handeln. Der neue Besitzer kann bei der zuständigen Behörde eine Änderung der Personendaten beantragen.
Der wichtigste Vermerk auf dem Dokument ist, dass der Inhaber die behördliche Genehmigung zum Verkauf (Vermarktungsgenehmigung) hat. Zoofachhändler und Züchter sind verpflichtet, ihre Tiere nur zusammen mit den vorgeschriebenen Originalpapieren weiterzugeben! Der Verkauf einer Landschildkröte ohne diese Papiere ist strafbar. Und – das ist wichtig – Sie selbst hätten das Tier illegal erworben und würden sich damit selbst strafbar machen!

WICHTIG

Der neue Besitzer von Europäischen Landschildkröten ist verpflichtet, jedes Tier nach dem Kauf der zuständigen Naturschutzbehörde zu melden. Der Zoofachhändler kann Ihnen in der Regel die Anschrift der Behörde nennen.

Kämpfen Sie mit ...

... gegen illegale Verkaufs- und Erwerbspraktiken aller Art. Kaufen Sie nie eine Landschildkröte, die man Ihnen ohne die notwendige Bescheinigung anbietet! Häufig handelt es sich bei diesen besonders günstig angebotenen Tieren um Schmuggelware.
In einem gut geführten Zoofachgeschäft werden Sie mit solchen Problemen gewiss nicht konfrontiert.

Landschildkröten sind keine Urlaubsmitbringsel

Landschildkröten als lebendes Souvenir aus dem Urlaub mit nach Hause zu bringen, ist strikt verboten. Ganz abgesehen davon, mag ein Tierfreund ganz sicher nicht den Ausverkauf der Natur noch fördern.
Auch solche Geschmacklosigkeit wie ein Aschenbecher, der aus einem Landschildkrötenpanzer besteht, gehört nicht ins Reisegepäck – und schon gar nicht in das eines Tierliebhabers. Abgesehen vom Ärger, den man mit dem Zoll hat, werden diese Mitbringsel beschlagnahmt und man selbst bekommt ein Bußgeld auferlegt. Unwissenheit schützt in keinem Fall vor Strafe! Professionellen Schmugglern droht sogar Gefängnis.
In den Heimatländern der Europäischen Landschildkröten werden leider immer noch allzu häufig diese Tiere auf Märkten feilgeboten. Die meisten Tiere sind mehr tot als lebendig. Mit einem Kauf tut man weder sich noch den Tieren einen Gefallen. Kauft man die Tiere, um ihnen dann an scheinbar geeigneter Stelle die Freiheit wiederzugeben, heizt das nur den illegalen Markt an. Für jedes freigekaufte Tier wird spätestens am nächsten Tag ein neues im Korb des Händlers sitzen! Solang es eine Nachfrage gibt, wird es auch jemanden geben, der versucht, diese mit allen Mitteln zu erfüllen – ohne Rücksicht auf die Leiden der Tiere. Nur wenn jeder Tourist energisch den Kauf der Schildkröten ab-

lehnt, kann er dazu beitragen, dass irgendwann keine Tiere mehr angeboten werden!
Aber nicht nur der illegale Handel hat Schuld am Verschwinden der Landschildkröten. Wie so oft trägt auch die allgemeine Umweltzerstörung eine Mitschuld. Es ist ganz gleich, warum der natürliche Lebensraum zerstört wird, generell ist es die negative oder auch nur die gleichgültige Einstellung zum lebenden Tier, die es bedroht!

IN MENSCHENOBHUT

Auch wenn alle Arten der Europäischen Landschildkröte in ihrem natürlichen Lebensraum, ihrem Biotop, gefährdet sind, so gibt es doch einen stabilen Bestand in den Terrarien privater Halter oder auch in zoologischen Gärten. Liebhaber sind bemüht, die Tiere erfolgreich über mehrere Generationen nachzuzüchten. So tragen sie dazu bei, dass Landschildkröten nicht ganz aussterben.
Eines oder mehrere dieser Nachzuchttiere sind der Schatz, den Sie als Schildkrötenliebhaber und künftiger Halter sorgfältig hüten sollten.

Die richtige Adresse für den Kauf

Wer sich zum Kauf von Landschildkröten entschließt, wird früher oder später bei einem erfahrenen Zoofachhändler vorsprechen. Hier kann jeder die Tiere nicht nur absolut legal erwerben, sondern auch die geeignete Ausstattung kaufen.
Ein gut sortiertes Zoofachgeschäft hält alle benötigten Artikel bereit oder besorgt sie kurzfristig. Für Einsteiger in das Schildkrötenhobby bietet der Zoofachhandel noch einen besonderen Vorteil: Man erhält klare Antworten, selbst auf vielleicht noch etwas laienhaft gestellte Fragen. Auch in der Zukunft wird der Zoofachhändler dank seiner Erfahrung ein kompetenter Ansprechpartner bleiben.
Ein Tierkauf bei einem Schildkrötenzüchter ist denkbar. Adressen findet man im Anzeigenteil der Tageszeitung oder in Fachzeitschriften. Doch wer zum ersten Mal Europäische Landschildkröten kauft und noch nicht viel über die Tiere weiß, sollte ein wenig vorsichtig sein. Tierkauf ist nicht nur eine Vertrauenssache, man braucht auch einen Blick für den Gesundheitszustand des Tieres.

Eine Landschildkröte kann bei guter Pflege sehr alt werden.

Wo eine Schildkröte lebt, können auch zwei leben. Der Pflegeaufwand ist nicht wesentlich größer. Zu zweit gehalten zeigen sich die Tiere deutlich munterer als einzeln gehalten.

Nehmen Sie sich Zeit für den Schildkrötenkauf

Ein guter Verkäufer wird Sie auch gut beraten, und das geht nicht zwischen Tür und Angel. Schauen Sie sich die angebotenen Schildkröten in Ruhe an. Machen sie einen munteren Eindruck? Entspricht ihre Unterkunft den Vorgaben für eine artgerechte Haltung? Sind die notwendigen Dokumente mit der Vermarktungsgenehmigung griffbereit? Die positive Beantwortung dieser Fragen ist die Basis für den Kauf.

Einzel-, Paar- oder Gruppenhaltung?

Die meisten privaten Schildkrötenliebhaber pflegen Einzeltiere. Einen Grund dafür gibt es in den seltensten Fällen. Man kann jedoch mit Fug und Recht sagen: Wo eine Landschildkröte Platz und Wärme findet, ist in der Regel auch Platz für eine weitere!

Gesellschaft macht munter

Landschildkröten sind zwar nicht unbedingt als gesellig zu bezeichnen, ältere Männchen können sogar manchmal schon fast aggressiv ihren Artgenossen – vor allem Weibchen – gegenüber sein. Dennoch sind Landschildkröten in Gesellschaft von Artgenossen überaus munter und bedeutend agiler als Einzeltiere. Durch den »Konkurrenzkampf« um das Futter beziehungsweise den Futterneid fressen und gedeihen die Tiere bedeutend besser. Schon aus diesem Grund sollte man immer wenigstens zwei Exemplare zusammen pflegen.

Bis zum Eintritt der Geschlechtsreife ist es unerheblich, ob es sich hierbei um zwei gleichgeschlechtliche Tiere handelt oder um ein Paar. Allerdings ist das Geschlecht bei Babyschildkröten und Jungtieren noch nicht zu erkennen. Auch können zwei verschiedene Arten der Europäischen Landschildkröte problemlos zusammen gepflegt werden.

Wünschenswert wäre, wenn möglichst viele Schildkrötenhalter die Paarhaltung einer Art anstrebten, um die Nachzucht dieser schönen Tiere zu fördern. Voraussetzung ist natürlich, dass die entsprechenden Zuchtbedingungen geschaffen werden können (siehe Seite 55).

Um es noch einmal zu betonen: Wo eine Schildkröte Platz findet, kann auch eine zweite leben. Unter Umständen kann man ja den Partner einige Zeit später anschaffen. Das Zusammengewöhnen stellt kein besonderes Problem dar.

Das Fünfmarkstück verdeutlicht die Größe der jungen Landschildkröten – links: Breitrandschildkröte; rechts: Griechische Landschildkröte.

Gruppenhaltung mit Bedacht
Wer über den Platz und die Möglichkeiten verfügt, kann ohne weiteres auch eine Gruppe verschiedener Landschildkrötenarten pflegen.
In ihrer Größe sollten die Tiere nicht allzu sehr variieren. Jungtiere haben es nicht eben leicht, sich neben Ausgewachsenen zu behaupten. Entweder kommen sie beim Futter zu kurz oder die großen »walzen« sie einfach platt! Bei richtiger Pflege und einem ausgewogenen Geschlechterverhältnis steht einer erfolgreichen Nachzucht nichts mehr im Wege. Eine Nachzucht ist anzustreben, da nur so gewährleistet ist, dass auch zukünftige Schildkrötenliebhaber Gelegenheit haben werden, eine Landschildkröte als Heimtier zu pflegen. Auch wenn Landschildkröten in ihrem natürlichen Lebensraum bedroht sind, so haben die Arten doch wenigstens durch die Nachzuchten Fortbestand und bleiben uns erhalten!

RICHTIGE MISCHUNG

Man sollte nicht zu viele geschlechtsreife Männchen im selben Gehege halten. Zuviele Männchen behindern sich gegenseitig und spätestens zur Paarungszeit kann es dann zu bösen Beißereien kommen.
Nach Möglichkeit sollten immer mehr Schildkrötenweibchen als Männchen dasselbe Gehege bewohnen.
Auf gar keinen Fall sollten mehrere Männchen mit nur einem Weibchen zusammen gehalten werden. Es besteht sonst die Gefahr, dass das Weibchen zu sehr von den paarungsaktiven Männchen bedrängt wird und schließlich sogar an Erschöpfung eingeht!

Männchen oder Weibchen?

Obwohl die äußeren, sichtbaren Geschlechtsunterschiede bei Landschildkröten in der Regel spätestens beim ausgewachsenen Tier offensichtlich sind, so herrscht doch bei vielen Hal-

Beobachten zu können, wie der Nachwuchs im Schildkrötengehege heranwächst, wird jeden Schildkrötenhalter mit Stolz erfüllen.

Schildkrötenmännchen sind an ihrem kräftigen Schwanz zu erkennen.

Der kurze Schwanz einer weiblichen Griechischen Landschildkröte.

tern Unklarheit darüber. Wer im Besitz von mehreren Exemplaren beiderlei Geschlechts ist, dem werden schon recht bald Unterschiede auffallen.
In der Regel haben männliche Tiere einen längeren und kräftigeren Schwanz. Ihr Bauchpanzer wölbt sich mit zunehmendem Alter nach innen. Er scheint eingedrückt – eine der klugen Einrichtungen der Natur, deren Vorteil sich bei der Paarung der Landschildkröten beobachten lässt.
Weibchen dagegen besitzen einen flachen Bauchpanzer und einen kurzen Schwanz. Mit zunehmendem Alter werden sie allerdings meist um einiges größer und schwerer als die Männchen.
Der Größenunterschied zwischen Männchen und Weibchen kann mehr als 50 Prozent, der Gewichtsunterschied sogar mehr als 100 Prozent betragen. Das schwankt allerdings von Art zu Art.

Es gibt keine »Gartenschildkröten«

Auf den folgenden Seiten werden nun die Schildkrötenarten vorgestellt, um deren Haltung und Pflege es in diesem Buch geht. Eine »Gartenschildkröte« ist allerdings nicht darunter. Denn die gibt es nicht.
Manche Kunden fragen in Zoofachgeschäften nach einer Landschildkröte, die »wie früher« das ganze Jahr über im Garten bleiben kann. Nur mit Mühe sind sie davon zu überzeugen, dass die Schildkröten früher tatsächlich falsch gepflegt worden sind!
Wer Verantwortung für Schildkröten übernimmt, sollte sich von den alten Zöpfen nicht beeinflussen lassen.
Der Zoofachhändler weiß, wovon er spricht, wenn er Ihnen beim Schildkrötenkauf erklärt, wie Sie Ihr neues Heimtier unterbringen sollten (siehe Unterbringung, Seite 27).

Welche Arten Sie kaufen können

Die nachfolgend beschriebenen vier Landschildkrötenarten werden in unseren Breiten am häufigsten gehalten. Drei davon sind echte Europäer: die Griechische Landschildkröte, die Maurische Landschildkröte und die seltener gepflegte Breitrandschildkröte. Aufgrund der Größe ihres Verbreitungsgebietes unterscheidet man bei manchen Arten noch Unterarten.
Das Verbreitungsgebiet der Europäischen Landschildkröten erstreckt sich über den gesamten südeuropäischen, nordafrikanischen und kleinasiatischen Mittelmeerraum. Ihr Lebensraum kann sehr unterschiedlich aussehen. Von kargen, fast pflanzenlosen Landschaften über wiesenartige Gebiete mit niedrigem, fast flächendeckendem Bewuchs bis hin zu lichten, bewaldeten Gegenden ist alles möglich. Kein richtiger Europäer ist die Russische oder Vierzehen-Steppenschildkröte, da ihr Hauptverbreitungsgebiet, bis auf eine Ausnahme, weiter östlich liegt. Trotzdem soll sie hier Erwähnung finden, da sie ein dankbarer und empfehlenswerter Pflegling ist.

Die Haltungsbedingungen werden durch die Herkunft bestimmt

Alle Arten der Landschildkröte sind sehr wärmebedürftig. Bezeichnenderweise kommt keine Art in der gemäßigten Zone Mitteleuropas vor, in der nur relativ niedrige Durchschnittstemperaturen erreicht werden. Eine ganzjährige Haltung im Freien kommt in unseren Breiten daher nicht in Frage. Außer im Hochsommer ist es generell zu kalt dafür. Unser Wetter ist wirklich nur in seltenen Fällen mit den Temperaturen des Mittelmeerraumes zu vergleichen. Trotz ihrer warmen Herkunft kennen alle hier vorgestellten Arten einen mehr oder weniger strengen Winter. Diese Zeit verbringen sie eingegraben an einem geschützten und frostfreien Platz.
Der Winterschlaf dauert je nach Art wenige Wochen bis zu einigen Monaten. Während dieser Zeit nimmt die Landschildkröte keine Nahrung zu sich. Alle Stoffwechselvorgänge ihres Körpers laufen nun stark verlangsamt ab, bis die Frühlingssonne mit ihren milden Temperaturen sie wieder erwachen lässt.

Selbst in Kulturlandschaften sind Landschildkröten anzutreffen. Dies wird ihnen häufig zum Verhängnis, da sie von den einheimischen Bauern als Ernteschädlinge verfolgt werden.

Testudo hermanni

Griechische Landschildkröte

Sie wird am häufigsten gepflegt. Man unterscheidet zwei Unterarten, eine östliche Form (*Testudo hermanni boettgeri*) und eine westliche (*Testudo hermanni hermanni,* früher: *Testudo hermanni robertmertensi*).

Mit gelbem Fleck unterhalb der Augen: die westliche Unterart Testudo hermanni hermanni.

Heimat: Die Hauptverbreitungsgebiete der östlichen Form sind Griechenland und das Gebiet des ehemaligen Jugoslawiens. Die westliche Unterart findet man in Teilen Italiens und in Südfrankreich.

Aussehen/Unterarten: Ein Unterscheidungsmerkmal der Unterarten ist die Größe der ausgewachsenen Tiere. *Testudo hermanni boettgeri*, die östliche Unterart, wird in der Regel größer, ihre Panzerlänge beträgt im Durchschnitt bis zu 25 cm.
Testudo hermanni hermanni, die westliche Form, hingegen erreicht selten mehr als 15 cm.
Als altersunabhängiger Unterschied ist die Färbung zu sehen. Bei *Testudo hermanni hermanni* befindet sich unterhalb des Auges ein gelblicher Fleck. Ferner finden sich auf der Bauchunterseite zwei durchgehende schwarze Streifen. Bei *Testudo hermanni boettgeri* sind diese Streifen unterbrochen.

Die östliche Unterart, Testudo hermanni boettgeri, besitzt nicht den gelben Fleck im Augenbereich.

Hinweise: Beachtenswert ist es, dass die größer werdende östliche Unterart häufiger gepflegt wird. Sie ist etwas kälteunempfindlicher als die Westform. Die Griechische Landschildkröte, besonders die östliche Unterart, verträgt unser nasskaltes Klima von allen europäischen Arten am besten.

Manche Exemplare überstehen selbst unsere langen und unsteten Winter, wenn sie sich im Garten vergraben haben. Dies darf aber nicht die Regel sein! Eine ganzjährige Haltung im Freien ist aufgrund zu niedriger Temperaturen nicht zu empfehlen.

Die Griechische Landschildkröte ist sehr beliebt. Bei guter Pflege und ausgewogener Ernährung wird sie sehr alt. Kann man einem Paar die entsprechenden Voraussetzungen bieten, gelingen Nachzuchten verhältnismäßig gut.

Testudo graeca

Maurische Landschildkröte

Die Maurische Landschildkröte wird wie die Griechische Landschildkröte ebenfalls häufig gepflegt.

Heimat: Ihr Verbreitungsgebiet erstreckt sich über Südspanien und weite Teile Nordafrikas, über die Türkei und Vorderasien bis nach Griechenland.

Aussehen: Sie sieht der Griechischen Landschildkröte sehr ähnlich. Ein sicheres Unterscheidungsmerkmal ist das geteilte Schwanzschild, das die Griechische Landschildkröte besitzt (siehe Foto Seite 19, links), der maurischen Art jedoch in der Regel fehlt. Ferner ist der Schwanz der Maurischen Landschildkröte nicht so groß ausgebildet. Auch der dornartige Endnagel der »Griechin« fehlt.

Unterarten: Man unterscheidet fünf Unterarten, wobei allerdings nur zwei häufiger als Heimtiere gehalten und gezüchtet werden.

Testudo graeca ibera ist am häufigsten in Menschenobhut anzutreffen. Sie wird bis zu 30 cm groß (Panzerlänge). Ihr Panzer wird im Alter fast schwarz. Ihr natürliches Hauptvorkommen ist in der Türkei. Trotz ihrer Herkunft aus wesentlich wärmeren Gebieten verträgt sie unsere Sommer, sofern sie trocken sind, recht gut.

Testudo graeca graeca ist die zweite, öfter gepflegte Unterart. Sie bleibt deutlich kleiner als die *Testudo graeca ibera*. Ihre hauptsächlichen Verbrei-

Die in Südspanien und in Teilen von Nordafrika beheimatete Unterart Testudo graeca graeca wird nur wenige Wochen überwintert.

Im Gegensatz zur Griechischen Landschildkröte besitzt die Maurische Landschildkröte in der Regel ein ungeteiltes Schwanzschild. Auch der Schwanz ist sichtbar schwächer ausgeprägt und besitzt keinen Endnagel.

tungsgebiete sind Südspanien und Teile Nordafrikas. Die Winter in ihrer Heimat sind viel milder als bei uns. Daher hält diese Unterart selten einen Winterschlaf von mehr als vier Wochen. Nasskalte Witterung vertragen die sehr wärmebedürftigen Tiere nicht. In Menschenobhut dürfen selbst die Nachttemperaturen nicht zu stark absinken (bei der Haltung in einem Freilandterrarium berücksichtigen)!

Testudo marginata

Breitrandschildkröte

Heimat: Das eigentliche Verbreitungsgebiet ist Griechenland. Dort soll auch eine Zwergform vorkommen (als eigene Art umstritten). Auf Sardinien wurde die Breitrandschildkröte vor unbestimmter Zeit eingeschleppt und konnte sich dort bis heute behaupten.

Aussehen: Diese Art ist die größte Vertreterin der europäischen Landschildkröten. Alte Exemplare können eine Panzerlänge von bis zu 35 cm erreichen. Die Männchen werden manchmal größer als die Weibchen. Imposant ist ihr ungewöhnliches Aussehen, mit den weit ausladenden hinteren Panzerschilden. Im Alter wird die Schildkröte schwarz, während junge und heranwachsende Tiere einen schönen Helldunkelkontrast aufweisen.

Agrionemy horsfieldi

Russische oder Vierzehen-Steppenschildkröte

Wie alle genannten Landschildkröten unterliegt die Vierzehen-Steppenschildkröte dem Artenschutz. Jedoch ist in ihrem Fall (Stand 1998) keine Vermarktungsgenehmigung nötig.

Die Breitrandschildkröte ist eine sehr wärmebedürftige Art. Nasse und kalte Witterung verursachen bei ihr oft Erkältungen. Lange Winter kennt sie herkunftbedingt nicht.

Die faszinierende Vierzehen-Steppenschildkröte ist bei artgerechter Pflege als Heimtier gut geeignet.

Heimat: Diese Art ist kein richtiger Europäer, da ihre Hauptverbreitungsgebiete Afghanistan, Pakistan und Iran und weitere Länder des mittelasiatischen Raumes sind. Ein natürliches Vorkommen in einem europäischen Land ist zwar durch einige gefangene Exemplare belegt worden, wird aber dennoch als nicht sicher eingestuft.
Aussehen: Auffällig ist, dass die Art bei etwa 20 cm Panzerlänge im Vergleich zu den anderen vorgestellten Arten eher flach gedrückt und rund erscheint.
Hinweise: Die Vierzehen-Steppenschildkröte hält den Überwinterungsrekord. Aufgrund des rauhen, kalten Klimas ihrer Heimat schläft sie manchmal sechs Monate lang. Mitunter sind die Sommer dort so heiß, dass sie deshalb zusätzlich einen Sommerschlaf hält. Dafür gräbt sie lange Gänge bis ins kühlere, feuchtere Erdreich. Der Sommerschlaf geht dann nahtlos in den Winterschlaf über. Erst im Frühling erwacht sie durch den Regen wieder.

UNTERBRINGUNG RUND UMS JAHR

BEI DER UNTERBRINGUNG VON LANDSCHILDKRÖTEN IST NICHT NUR ZU BERÜCKSICHTIGEN, DASS DIESE TIERE SEHR WÄRMEBEDÜRFTIG SIND, SONDERN AUCH IM WINTER EIN PLÄTZCHEN FÜR IHRE WINTERRUHE BRAUCHEN.

Für jede Jahreszeit das passende Quartier

Landschildkröten lassen keine Gelegenheit aus, ihren Sonnenhunger durch ein ausgiebiges Sonnenbad zu stillen. Für ihre Bedürfnisse scheint in unseren Breiten die Sonne leider selbst im Sommer nicht ausreichend. Die Tagestemperaturen sind oft zu niedrig und es regnet zu häufig. Das sind Witterungsbedingungen, bei denen sich Europäische Landschildkröten nicht wohl fühlen. Auf Dauer können sie dabei sogar krank werden. Das bedeutet, dass der Schildkrötenhalter mithilfe der Technik für Wärme und »Sonne« sorgen muss.

Das warme Sonnenlicht und saftige Grünkost sind wichtige Voraussetzungen für eine artgemäße Pflege der Europäischen Landschildkröten.

Sonne macht aktiv

Verständlich wird dies, wenn man die Tiere in einem Sommer beobachtet, der seinen Namen verdient hat. Dann wird der Pfleger seine Landschildkröten mit Freude und Staunen betrachten können. Aktiviert durch die Kraft der wärmenden Sonnenstrahlen laufen die Tiere unermüdlich umher und wirken wie »aufgedreht«. Genussvoll tanken sie in der Sonne Energie. Wird die Hitze zu groß, verschaffen sie sich eine Weile Kühlung im Schatten, um sich dann wieder in die Sonne zu begeben. Bei diesem Wechsel zwischen Sonne und Schatten fühlen die Schildkröten sich rundum wohl. Voraussetzen muss man dabei natürlich, dass die Tiere selbst entscheiden können, wann es für sie Zeit ist, den Schatten oder dann wieder die wärmenden Sonnenstrahlen aufzusuchen.

Das richtige Heim

Wie bedauernswert sind die Kreaturen, die ihr Leben auf einem zugigen, kühlen Zimmerboden oder in irgendeiner Kiste fristen müssen.
Für Landschildkröten muss man ohne Wenn und Aber für Unterbringungsmöglichkeiten sorgen, die den Lebens-

bedürfnissen und auch dem Lebensrhythmus dieser Tiere entsprechen.
Für eine artgemäße Haltung ist ein gut ausgestattetes Zimmerterrarium Voraussetzung. Ideal wäre es, wenn Sie für Ihre Schildkröten außerdem ein Freilandterrarium schaffen könnten.
Nach der Überwinterung bis zum Beginn der warmen Jahreszeit werden dann Ihre Schützlinge im Zimmerterrarium gepflegt. Den Sommer über bis zum frühen Herbst verbringen sie im Freilandterrarium. Dann nimmt man sie wieder ins Haus zur Pflege im Zimmerterrarium. Dort bleiben sie, bis die Vorbereitungen zur Überwinterung getroffen werden.
Der Aufwand und die anfängliche Geldausgabe lohnen sich wirklich! Landschildkröten danken ihn mit Gesundheit und einem langen Leben – und dem von manchen Schildkrötenhaltern heiß ersehnten Nachwuchs.

Das richtige Zimmerterrarium

Zur artgerechten Pflege im Haus ist ein handelsübliches Terrarium zu empfehlen. Die Mindestgröße können Sie leicht selbst errechnen: Experten empfehlen die achtfache Panzerlänge des ausgewachsenen Tieres. Die Breite sollte der halben Terrarienlänge entsprechen. In solch einem Terrarium können Sie zwei Landschildkröten halten. Für das dritte und vierte Tier rechnet man ungefähr 10 Prozent der Grundfläche hinzu.
Die Höhe der Seitenwände kann zwischen 40 und 50 cm betragen. Die handelsüblichen Terrarien bestehen aus Glas. Eine Lüftungsfläche befindet sich in der Regel vorn unten und eine weitere oben im Deckel.
Vorne sind die meisten Terrarien mit Schiebescheiben ausgestattet. Dadurch kann der Pfleger alle Bereiche im Terrarium gut erreichen.
Weitaus nicht so praktisch, aber notfalls verwendbar, ist ein bereits vorhandenes, unbenutztes – ausreichend großes – Aquarium. Dabei sind allerdings Umbauten nötig, die einiges

TIPP

Es gibt viele Zoofachhändler, die sich bei Haltung von Schildkröten und anderen Terrarientieren gut auskennen. Diese Experten stehen Ihren Kunden beim Kauf des Terrariums mit Rat und Tat zur Seite, sodass kostenintensive Fehlkäufe vermieden werden können.

Bereits nach wenigen Jahren sind Landschildkröten handgroß. Eine wichtige Voraussetzung für ein gesundes Wachstum ist die artgemäße Unterbringung.

handwerkliches Geschick erfordern. Da eine einwandfreie Be- und Entlüftung für das Wohlbefinden der Schildkröten unerlässlich ist, die rundum geschlossenen, hohen Wände eines Aquariums jedoch eine gute Durchlüftung nicht garantieren, muss man eine Seitenwand des Beckens ganz oder zum Teil gegen ein Lochgitter oder Maschendraht austauschen. Wer das nicht möchte oder sich die Arbeit nicht zutraut, sollte besser ein solides, passendes Terrarium im Zoofachhandel erwerben. Kauft man eine gute Qualität, hat man für viele Jahre eine artgemäße Unterkunft für seine Schildkröten. Und diese bietet außerdem allein schon durch die verschiebbaren Scheiben einen nicht zu unterschätzenden Komfort bei der Ausführung der Pflegemaßnahmen.

Technik hilft

Um Europäische Landschildkröten artgemäß halten zu können, muss nicht sehr viel technischer Aufwand betrieben werden. Ganz ohne geht es allerdings nicht.
Notwendig sind in der Regel eine Heizung, um die bevorzugte Temperatur im Terrarium zu erreichen, und eine Beleuchtungseinheit, mit der die Helligkeit und das Lichtspektrum der Sonnenstrahlung imitiert werden.

Mollig warm muss es sein

Die wärmebedürftigen Europäischen Landschildkröten kann man nicht ohne Heizung halten. Die Tiere benötigen eine hohe Durchschnittstemperatur und müssen Gelegenheit haben sich aufzuheizen. Geeignete Beheizungsmöglichkeiten wie Heizkabel, Heizmatten oder Heizstrahler, die alle den europäischen Sicherheitsstandard aufweisen, bietet der Zoofachhandel an. In den handelsüblichen Terrarien ist ohne weiteres der Einbau einer Bodenheizung in Form eines Heizkabels oder einer Heizmatte möglich. Die Bodenheizung sollte nur etwa die Hälfte der Gesamtfläche beheizen. So wird es den Landschildkröten auf einfache Weise ermöglicht, sich nach Bedarf im warmen oder im unbeheizten und somit kühleren Bereich aufzuhalten. Am Deckel wird über der beheizten Fläche zur Ergänzung ein Heiz-

LICHT IST MEHR ...

... als Helligkeit!
Für die Beleuchtung wird eine Leuchtstoffröhre mit dem speziellen Lichtspektrum der natürlichen Sonne montiert. Ein Teil dieses Lichtspektrums, der ultraviolette Bereich, ist im Zusammenhang mit einer abwechslungs- und vitaminreichen Ernährung für die Gesundheit der Landschildkröten lebensnotwendig (siehe Ernährung, Seiten 43 bis 46).
Sehr wichtig für das Wohlbefinden der Tiere – und darum auf jeden Fall zu beachten – ist, dass die Heizstrahlung und das ultraviolette Licht der künstlichen Beleuchtung ungehindert ihren Weg ins Terrarium finden können. In einem Schiebescheibenterrarium müssen der Strahler und die Beleuchtung im Terrarium montiert werden. Der gläserne Deckel des Terrariums würde zu viel Wärme des Heizstrahlers reflektieren und außerdem würde die Wirksamkeit der Beleuchtung durch Ausfiltern der UV-Strahlen aufgehoben werden.

strahler angebracht, der die bestrahlte Fläche problemlos auf 40 °C erwärmen kann. Er darf also nicht zu schwach sein.
Lassen Sie sich am besten bei der Auswahl der technischen Geräte von Ihrem Zoofachhändler beraten. Einmal das Richtige kaufen, ist viel besser als langes Herumexperimentieren.

Die richtige Temperatur

Landschildkröten bevorzugen tagsüber eine Temperatur von 35 bis 40 °C. Im Terrarium ist es ausreichend, wenn die Spitzentemperatur nur zeitweise unter dem Heizstrahler gemessen wird. So ist auch die Gefahr einer Überhitzung gebannt, denn auch Landschildkröten vertragen Körpertemperaturen, die über 42 °C liegen, nicht. Weil nur direkt unter dem Strahler die Spitzentemperatur erzielt wird, können die Tiere bei Bedarf auch kühlere Zonen aufsuchen. Dort genügt dann eine Temperatur von 25 bis 28 °C.

Tag- und Nachtrhythmus

Auch Landschildkröten schlafen in der Nacht. Aus diesem Grund besteht keine Veranlassung Beleuchtung und Heizung Tag und Nacht eingeschaltet zu lassen.
Ein Zwölf-Stunden-Rhythmus zwischen Tag (hell und warm) und Nacht (dunkel und kühler) ist für die Tiere in Ordnung. Nachts sollte die Terrarientemperatur abgesenkt werden. Sie kann auf Zimmertemperatur, also auf etwa 20 °C, absinken.

In einem ausreichend großen Terrarium können Landschildkröten immer die Plätze aufsuchen, die ihnen behagen. Direkt unter dem Strahler finden die Tiere die Wärme, die sie immer wieder brauchen.

Als Bodengrund für das Terrarium eignet sich Sand, Kies mittlerer Körnung oder Terrarienerde (alles im Zoofachhandel erhältlich).

Hilfreiches technisches Zubehör
Eine Zeitschaltuhr zur Steuerung der Bestrahlungszeiten macht die Pflege von Landschildkröten um einiges leichter und zuverlässiger. Vor allem als Einsteiger in die Schildkrötenhaltung sollte man sich so ein Gerät, das einfach zu bedienen ist, gönnen.
Mit einem handelsüblichen Thermometer lässt sich die Temperatur im Terrarium kontrollieren. Man sollte sich aber doch einmal über die verschiedenen Regelgeräte zur Temperaturkontrolle informieren. Der Zoofachhändler hält eine gute Auswahl dieser sehr praktischen, die Schildkrötenpflege erleichternden Geräte bereit.

Die Einrichtung des Terrariums

Im Bestreben den Schildkröten eine möglichst schöne Umgebung zu schaffen, wird vor allem bei der Dekoration manchmal des Guten zuviel getan. Weniger ist hier tatsächlich mehr! Es muss natürlich das Richtige sein. Da der Platz im Terrarium begrenzt ist und die Tiere Bewegungsfreiheit brauchen, sollte man sich auf das Wesentliche beschränken.

Der Bodengrund
Die Aufgabe des Bodengrunds ist es, neben dem sicheren Bedecken der Bodenheizung, der Landschildkröte eine sichere Fortbewegung zu garantieren. Schließlich läuft man als Schildkröte auf dem spiegelglatten Glasboden des Terrariums nicht sonderlich gut.
Zur Auswahl stehen Einstreu aus dem Zoofachhandel, die Flüssigkeiten und Kot bindet, außerdem gewaschener Sand (nicht zu fein) oder Kies sowie ungedüngte, absolut ungeziefer- und schadstofffreie Erde.

Ist der Bodengrund zu fein, kann er Augen und Nase der Landschildkröten verkleben. Auf zu grobem Grund haben besonders Babyschildkröten Schwierigkeiten mit dem Laufen. Bei zu weichem Bodengrund ist mit verstärktem Krallenwachstum zu rechnen, da sich die Krallen der Schildkröten nun nicht mehr auf natürlichem Wege beim Laufen abnutzen.
Feine Heimtierstreu (sie splittert nicht) und unbedrucktes Papiervlies sind für eine sehr hygienische Haltung, zum Beispiel im Krankenlager, verwendbar. Diese Materialien sehen zwar nicht besonders dekorativ aus, aber eine tägliche Reinigung ist rasch und problemlos möglich.

Ein Häuschen oder ein anderes Versteck, in das sich die Landschildkröten zurückziehen können, darf in keinem Terrarium fehlen.

Ein sicheres Häuschen

Ein weiterer und vielleicht der wichtigste Einrichtungsgegenstand, ist die Schlupfkiste. Sie dient den Schildkröten als Versteck und gibt ihnen das Gefühl von Sicherheit. In die Kiste ziehen sich die Tiere gern zur Nachtruhe zurück.
Eine Schlupfkiste ist oben und an den Seiten geschlossen. Auf einer Seite befindet sich ein Loch. Dieses Schlupfloch muss dem größten Tier bequem Einlass gewähren. Die Kiste sollte groß genug sein, um allen Pfleglingen als gemeinsame Unterkunft dienen zu können. Man stellt sie im ungeheizten Bereich des Terrariums auf.

Futter- und Wasserschale

Je eine flache Schale für Futter und Wasser gehören ebenfalls ins Terrarium. Man darf sie allerdings den Schildkröten nicht in den Weg stellen, sonst verschmutzt der Inhalt noch schneller, als er es ohnehin tut. Da Landschildkröten gern am Rand ihrer Behausung entlanglaufen, ist es ratsam alle Einrichtungsgegenstände zur Terrarienmitte zu orientieren.

Ein wenig Dekoration ...

... darf natürlich sein, zum Beispiel einige Steine oder Wurzeln. Es dürfen aber nur so viele sein, dass die Tiere laufen können, ohne »Bergwanderungen« unternehmen zu müssen.
Auch einige vor dem Zugriff der Schildkröten geschützt angebrachte Pflanzen beleben das Terrarium. Sie

Wer die Möglichkeit hat, sollte seinen Landschildkröten so ein großzügiges Sommerparadies schaffen.

sollten das Schildkrötenheim aber nicht in einen grünen Dschungel verwandeln oder den Tieren Platz wegnehmen. Ein erhöht gestellter, kippsicher verankerter Blumentopf oder ein waagerecht angebrachter Epiphytenstamm reicht völlig aus. Viele Sukkulenten und klein bleibende Guzmania-Arten eignen sich dafür. Die Wahl der Pflanzen kann aber durchaus Ihrem Geschmack überlassen bleiben. Entscheidend ist, dass die Gewächse das Terrarienklima vertragen, sonst sehen sie rasch ziemlich hässlich aus.

Das Freilandterrarium

Frische Luft und die warme Sonne tun jeder Landschildkröte gut, denn die natürliche Sonnenstrahlung und die Helligkeit des Sommerlichts lässt sich künstlich nicht vollkommen imitieren. Wenn man die Möglichkeit hat, sollte man daher seinen Schildkröten jeden schönen Sommertag im Freien gönnen. Ratsam ist es, den Tieren ein

Freilandterrarium, ein Gehege anzulegen. Lässt man Schildkröten frei im Garten umherlaufen, verliert man nur zu schnell die Kontrolle über die Nahrungsaufnahme und den Gesundheitszustand seiner Tiere. Auch besteht die Gefahr, dass ein Tier in Nachbars Garten oder womöglich auf einer verkehrsreichen Straße landet, da Schildkröten sich ohne weiterers unter einem Zaun, der nicht tief genug in die Erde versenkt ist, hindurchbuddeln können. Obwohl Landschildkröten sehr standorttreu sind und häufig bestimmte Plätze immer wieder aufsuchen, so bleibt dann doch die Ungewissheit über ihr Wohlergehen, wenn man sie einmal, zum Beispiel bei schlechtem Wetter, nicht sieht.
Der sicherste und damit bessere Weg ist, einen geschützten, aber sonnigen Bereich des Gartens für die Pfleglinge zu reservieren.

Für einen längeren Aufenthalt im Freien sollte das Freilandterrarium allerdings nicht kleiner als das Zimmerterrarium sein.

Ein Sommerplätzchen für Schildkröten
Schauen Sie sich im Zoofachhandel einmal um, da gibt es verschiedene vorgefertigte Gehegeformen, die beispielsweise für Kaninchen gedacht sind, sich aber ausgezeichnet in ein Landschildkröten-Gehege umfunktionieren lassen.
Wer selbst Hand anlegen möchte, kann zur einfachsten Möglichkeit greifen und eine sehr große Holzkiste ohne Boden nehmen. Die Ränder muss man etwas im Erdreich versenken. Das ist wichtig, da Landschildkröten – wie gesagt – mitunter auch ganz gern graben. Am sichersten ist es, wenn man den Boden der Kiste mit einem grobmaschigen Drahtgitter

So ein Luxusauslauf für Schildkröten ist etwas für Schildkrötenliebhaber mit viel Platz im Garten. Dieser Auslauf wird übrigens von den Besitzern auch als Entspannungsplätzchen genutzt.

bespannt und somit ein Untergraben verhindert. Bei noch sehr kleinen Tieren ist es sinnvoll, die Kiste auch oben mit einem Gitter oder Netz zu versehen, um zu verhindern, das Katzen oder größere Vögel, zum Beispiel Krähen, die Jungschildkröten verletzen oder gar verschleppen. Auch einen Versteckplatz, der sicheren Unterschlupf und zugleich Schatten bietet, sollte man errichten. Die beschriebene Schlupfkiste (siehe Seite 32) eignet sich gut dafür.

Ein großer, fester Auslauf im Garten ...

... ist natürlich die idealste Lösung. Für große Landschildkröten oder eine Gruppe ist ein großzügig bemessenes Freilandterrarium sogar ein Muss. Sie kommen mit einer »Krabbelkiste« nicht zurecht, weil diese viel zu wenig Bewegungsfreiheit bietet.
Mit etwas handwerklichem Geschick lässt sich solch eine Freilandanlage zum Beispiel aus hölzernen Palisaden bauen. Eine große Auswahl an haltbaren, kesseldruckimprägnierten Hölzern gibt es in großen Gartencentern oder in Baumärkten.
Ausgediente Eisenbahnschwellen, die man vielerorts noch bekommt, sollten Sie nicht nehmen. Sie stecken voller schädlicher Stoffe, die sich eigentlich keiner in seinen Garten holen möchte. Möglich, aber nicht sonderlich dekorativ sind verwitterungsbeständige Kunststoffplatten.
Gleichgültig, welches Material Sie verwenden, Sie sollten immer dafür sorgen, dass sich die Umrandung wenigstens 30 cm tief im Erdreich befindet. Falls Sie die Umrandung nicht versenken können oder wollen, können Sie stattdessen mithilfe von engmaschigem Maschendraht eine tief reichende »Ausbruchsicherung« schaffen.

Der Standort für das Freilandterrarium

Mit etwas Geschick kann aus einem Freilandterrarium für Landschildkröten eine Zierde für den ganzen Garten werden. Das Gehege mit Wurzeln und robusten Pflanzen einzurichten, ist aufgrund der Größe der Anlage meist leicht möglich, ohne die Bewegungsfreiheit der Tiere einzuschränken.
Die Lage: Für das Sommergehege Ihrer Schildkröten ist eine Südost- oder Südwestlage ideal. Aber auch an Plätzen, auf die morgens, mittags und nachmittags die Sonne scheint, fühlen die Tiere sich wohl. Ungeeignet sind Stellen, die nie ein Sonnenstrahl erreicht, wie düstere Gartenecken oder unter Bäumen.
Schatten und Unterschlupf: Auch wenn Schildkröten die Sonne lieben, so müssen Sie in einem Freilandterrarium dennoch zuverlässig für Schatten sorgen. Bei zu großer Hitze oder wenn die Tiere einfach genug von der Sonne haben, müssen sie sich problemlos in den Schatten zurückziehen können. Eine Kiste mit Deckel und seitlicher Öffnung wird von Landschildkröten sehr gern als Schattenplatz, Versteck und Schlafplatz angenommen. Sie muss nur so groß sein, dass alle Tiere darin bequem unterkommen.
Futter und Wasser: Und vergessen Sie nicht, einen Futter- und Wasserplatz einzurichten! Die Näpfe müssen selbstverständlich regelmäßig gesäubert und gefüllt werden.

Dieser Breitrandschildkröte sieht man die »Abenteuerlust« förmlich an. Sich frei in der Sonne zu bewegen, hier mal ein Blättchen und da mal ein Blütchen abzubeißen, das bekommt den Landschildkröten ausgezeichnet.

NACHTS INS HAUS?

Ob Sie Ihre Tiere auch nachts im Freilandterrarium lassen, hängt von verschiedenen Faktoren ab. In einem verregneten Sommer, in dem die Erde kaum richtig abtrocknet und die Nächte ganz empfindlich kühl sind, sollte man die Tiere ins Haus holen. Viele Schildkrötenliebhaber holen ihre Tiere über Nacht ins Haus, um einem Diebstahl vorzubeugen.

Überwintern, aber richtig

Die Überwinterung ist ein wichtiger Punkt bei der artgemäßen Pflege der Europäischen Landschildkröten.
In der Natur halten diese Schildkröten während der kalten, unwirtlichen Zeit im Boden eingegraben einen Winterschlaf. Da Schildkröten zu den wechselwarmen Tieren gehören, sind sie nicht in der Lage, eine eigene, höhere Körpertemperatur zu erzeugen oder zu halten. Sie sind auf die Temperatur ihrer Umgebung angewiesen.
Wenn es kalt wird, sucht die Schildkröte in der Natur einen frostfreien Ort auf. Nahrung nimmt sie während des Winterschlafs nicht auf. Durch die temperaturbedingte Reduktion der Stoffwechselvorgänge spart sie viel Energie. Selbst der Herzschlag und die Atmung sind verringert. Das Tier wirkt in dieser Zeit fast wie tot.
Je nach Art und Herkunft dauert die Winterruhe zwischen acht Wochen und mehr als sechs Monate. Mit den zunehmend wärmeren Temperaturen im Frühling erwachen die Schildkröten aus ihrem Schlaf und graben sich wieder an die Oberfläche.

Worauf beim Überwintern zu achten ist
Um die winterliche Ruhezeit ohne Probleme zu gewährleisten, ist eine gleichbleibende, niedrige Temperatur während der Überwinterung unbedingt notwendig.
Die geeignete Überwinterungstemperatur liegt zwischen 5 und 8 °C. Bei zu hoher Temperatur fängt der Schildkrötenstoffwechsel wieder an zu arbeiten. Da die Schildkröte während der Winterruhe keine Nahrung aufnimmt, werden ihre Fettreserven aufgebraucht. Dadurch verliert das Tier an Gewicht. Bei großen und schweren Exemplaren mag dies ohne Belang sein. Baby-

Wichtig für den Nachwuchs!
Durch die künstliche Wärme in einem beheizten Terrarium scheint eine Überwinterung für die als Heimtiere gehaltenen Schildkröten nicht nötig. Um eine erfolgreiche Nachzucht zu sichern, ist sie allerdings für erwachsene Europäische Landschildkröten eine Grundvoraussetzung.
Durch die Überwinterung werden Männchen und Weibchen hormonell gleichgeschaltet. Zwar kommen im Frühling die Tiere auch ohne Überwinterung in Paarungsstimmung, aber die Eier sind meist unbefruchtet.
Eine Überwinterung stellt für die Landschildkröten jedoch auch gleichzeitig eine Ruhezeit dar.

Den Winter über geschlossen. Während der Winterruhe verharrt die Schildkröte bewegungslos in ihrem Panzer.

schildkröten und Jungtiere hingegen verfügen über keine oder nur geringe Reserven. Schon ein geringer Gewichtsverlust kann für sie bedrohlich sein! Viele erfahrene Schildkrötenhalter empfehlen, Babyschildkröten im ersten Jahr nicht zu überwintern. Eine verkürzte Ruhezeit scheint aber von Vorteil zu sein. Die Jungtiere sind im Frühjahr dann agiler und munterer.

Zur Kontrolle wiegen!

Vor und nach einer Überwinterung sollte man seine Schildkröten wiegen. Für erwachsene Tiere besteht keine Gefahr, wenn sie während der Winterruhe bis zu 10 Prozent ihres ursprünglichen Gewichts verlieren. Bei Babyschildkröten könnte – wie gesagt – dieser Gewichtsverlust zum Tod führen. Durch Verkürzen der Ruhezeit auf die Hälfte läßt sich dem wirkungsvoll begegnen.

Die richtige Temperatur fürs Überwintern

Die Einhaltung der Überwinterungstemperatur ist auf den ersten Blick das größte Problem. Doch wie heißt es so schön: Wo ein Wille ist, gibt es auch einen Weg.

In den meisten Häusern hat man den Keller isoliert oder ausgebaut, sodass man hier nicht die benötigte Temperaturen von 5 bis 8 °C vorfindet. Ein altes Kellergewölbe mit Lehmboden wäre ideal, steht aber nur in wenigen Fällen zu Verfügung. Da der Überwinterungsplatz auf alle Fälle frostfrei sein muss, ist eine Überwinterung im Freien oder in einer Scheune oder Garage wegen unseres unbeständigen Wetters zu risikoreich.

Es mag für Sie ungewöhnlich erscheinen, aber eine sichere Methode ist tatsächlich die Überwinterung der Schildkröten in einem Kühlschrank. Hier findet der Schildkrötenliebhaber

alle Bedingungen vor, um seinen Tieren eine artgemäße Ruhezeit zu verschaffen. Temperatur und Überwinterungsdauer sind mit einem Kühlschrank bequem einzuhalten.
Nicht nur aus praktischen, sondern auch aus hygienischen Gründen sollte man allerdings für die Überwinterung seiner Tiere einen separaten Kühlschrank verwenden.

Zur Not ohne Winterruhe

Wer beim besten Willen nicht in der Lage ist, die geeigneten Bedingungen für eine Überwinterung seiner Schildkröten zu schaffen, sollte lieber ganz auf eine Überwinterung verzichten. Wobei man dies wirklich nur als Notlösung betrachten kann.
Manche Schildkrötenkenner vermuten allerdings, dass nicht überwinterte Schildkröten nicht so alt werden. Bewiesen ist das aber nicht. Tatsache sind bei fehlender Ruhezeit Probleme bei der Nachzucht und das Auftreten einer »Frühjahrsmüdigkeit«.

TIPP

Für einen natürlichen Lebensablauf der Schildkröte ist die Ruhezeit zwar wichtig, aber nicht überlebenswichtig. Unzulängliche Bedingungen richten mehr Schaden an als der Verzicht auf die Winterruhe.

Winterschlafkiste

Rechtzeitig zur Überwinterung sollte der Pfleger die Überwinterungskiste vorbereiten. Denn nicht nur die Einhaltung der Temperatur ist wichtig, sondern auch die Art der Unterbringung während dieser Zeit entscheidet über Erfolg oder Misserfolg. Am einfachsten ist es, wenn man die Tiere mitsamt Terrarium an einen geeigneten, kühlen Ort bringt. Dies ist aber sicher nur selten möglich.

Die Ausstattung der Kiste

Die gängige Lösung besteht in der Verwendung einer größeren Kiste. Sie kann aus Holz, Kunststoff oder Styropor bestehen und sollte einen Deckel haben. Länge und Breite der Kiste sollten der dreifachen Panzerlänge entsprechen. Die Kistenhöhe sollte etwa 40 cm betragen. Am besten überwintert man jedes Tier in einer eigenen Kiste.

VORSICHT

Wichtig ist, dass nur gesunde und gut ernährte Schildkröten überwintert werden. Kränkelnde Exemplare würden die Ruhezeit nicht überstehen!

Zur besseren Belüftung muss man kleine Löcher in den Deckel und in die Seitenwände bohren.
Die Kiste wird etwa zu zwei Drittel mit einem lockeren und feuchten Substrat gefüllt. Das Substrat sollte hoch genug sein, dass sich die Schildkröte vollständig darin eingraben kann. Als Füllung sehr gut geeignet sind Moos, Laub und gehäckseltes Reisig, vermischt mit ungedüngter Erde. Es ist darauf zu achten, dass das Überwinterungssubstrat leicht feucht ist und auch während der gesamten Ruhezeit feucht bleibt.

Die Schildkröte zum Überwintern vorbereiten

Schildkröten sind wetterfühlig. Schon vor Beginn einer Schlechtwetterzeit verändern sie ihr Verhalten. Seltener verlassen sie nun ihr Versteck. Sie scheinen lustlos und verschlafen. Spätestens nun ist der Zeitpunkt gekommen die Überwinterungsvorbereitungen zu treffen.

6 Überwinterungstipps

1. **Nur gesunde und gut ernährte Tiere überwintern.**
2. **Die Überwinterungstemperatur sollte zwischen 5 und 8 °C betragen.**
3. **Vor dem Winterschlaf die Temperatur im Terrarium langsam absenken.**
4. **Zwei Wochen vor dem angestrebten Überwinterungstermin die Tiere regelmäßig baden, um Magen und Darm vollständig zu entleeren.**
5. **Außerdem zwei Wochen vorher die Haltungstemperatur auf Zimmertemperatur absenken, um eine Verringerung der Nahrungsaufnahme zu erreichen.**
6. **Die Schildkröten während des Winterschlafs regelmäßig kontrollieren. Die Tiere dabei keinesfalls ausgraben!**

Es ist keinesfalls ratsam, die Tiere direkt aus dem Terrarium in die Überwinterungkiste zu setzen. Zur Überwinterung müssen die Schildkröten vorbereitet werden. Dies geschieht durch langsames Absenken der Haltungstemperatur und durch regelmäßiges Baden.

Beim Baden in handwarmem Wasser entleert die Schildkröte ihren Darm. Nur eine Schildkröte, deren Magen und Darm vollständig entleert ist, kann die Ruhezeit unbeschadet überstehen. Nahrungsreste im Magen und Darm können während dieser Zeit in Fäulnis übergehen. Schlimme Darmentzündungen, die in der Regel zum Tod führen, sind dann die Folge. Um das zu vermeiden, wird die Terrarientemperatur etwa ein bis zwei Wochen vor dem Überwinterungstermin auf Zimmertemperatur gesenkt. Automatisch verringern die Schildkröten dann die Nahrungsaufnahme. Durch regelmäßige Bäder gibt die Schildkröte Kot ab. Um eine vollständige Entleerung des Darms zu gewährleisten, wird schließlich keine Nahrung mehr angeboten. Erst wenn kein Kot mehr abgesetzt wird, ist der richtige Zeitpunkt für das Einsetzen in die vorbereitete Überwinterungskiste gekommen.

Die Schildkröte hält ihren Winterschlaf

Man setzt das Tier auf das Substrat in der Kiste. Diese wird mit einem Deckel verschlossen, denn es sollte dunkel sein. Auf ausreichende Luftlöcher ist zu achten!
Schon nach kurzer Zeit hat sich die Schildkröte mehr oder weniger eingegraben. Da krasse Temperaturwechsel zu vermeiden sind, bringt man die Überwinterungskiste erst jetzt an den vorgesehenen kühlen Ort.

Regelmäßig kontrollieren
Neben der Einhaltung der Temperatur, einer gleichmäßigen Substratfeuchtigkeit, damit die Tiere nicht austrocknen, ist Dunkelheit und Ruhe für eine erfolgreiche Überwinterung wichtig. Von Zeit zu Zeit, etwa alle drei bis vier Wochen, sollte man die Überwinterungskiste und jedes Tier kontrollieren. Dabei achtet man darauf, ob das Tier noch eingegraben ist und die Feuchtigkeit des Bodens noch stimmt. Das Überwinterungssubstrat sollte feucht krümelig sein und darf nicht muffig riechen. Ist das Substrat zu nass, könnte es faulen. Diese Fäulnis und die Bakterien bedrohen die Gesundheit Ihrer Schützlinge!
Bei den Kontrollen dürfen Sie aber keinesfalls die Tiere ausgraben. Diese grobe Störung würde den sicheren Ablauf der Ruhezeit gefährden.

Die Schildkröten erwachen

Für die meisten Arten ist eine Ruhezeit von acht bis zwölf Wochen ausreichend. Gegen Ende des Winters, mit dem Ansteigen der Temperaturen, werden Ihre Pfleglinge unruhig und langsam wieder munter. Dann holt man sie aus der Kiste und lässt sie in einer mit handwarmem Wasser gefüllten Schüssel ausgiebig baden. Nach dem Bad setzt man die Tiere in das zunächst nur schwach beheizte Terrarium. Nun wird auch wieder das gewohnte Futter gereicht. Die Tiere werden sich heißhungrig darüber hermachen.

TIPP

Wundern Sie sich nicht über den enormen Durst, den die Schildkröten bei ihrem ersten Bad nach dem Winterschlaf an den Tag legen. Lassen Sie die Tiere in Ruhe trinken. Sie müssen das Flüssigkeitsdefizit ausgleichen, das während der Überwinterung naturgemäß entstanden ist.

Wie beim Einwintern muss man auch jetzt bei Beendigung der Ruhezeit unbedingt krasse Temperaturwechsel vermeiden. Bei der Kühlschrankmethode bricht man die Überwinterung durch schrittweise Erhöhung der Temperatur innerhalb weniger Tage ab.

Der Winterschlaf ist vorüber. Jetzt muss die Landschildkröte wieder langsam an die normalen Temperaturen gewöhnt werden.

RUND UM PFLEGE UND ZUCHT

PFLEGE UND FÜTTERUNG VON LANDSCHILDKRÖTEN ERFORDERN NICHT VIEL AUFWAND. DOCH DAS WENIGE SOLLTE MAN RICHTIG UND ZUVERLÄSSIG TUN. DANN FÜHLEN DIE TIERE SICH BEI IHNEN WOHL. AUSSERDEM SIND GESUNDHEIT UND WOHLBEFINDEN DIE BESTEN VORAUSSETZUNGEN FÜR DIE NACHZUCHT DIESER INTERESSANTEN TIERE.

Was Schildkröten schmeckt

Landschildkröten sind in erster Linie Vegetarier. Ihre Grundnahrung besteht aus den unterschiedlichsten Grünpflanzen, Gemüse- und Obstsorten. Als Futterpflanze kommt eigentlich alles infrage, was ein Garten oder auch die Obst- und Gemüsetheke des Lebensmittelhändlers bereithält.
Ein vielfältiger Speiseplan trägt entscheidend zur Gesunderhaltung der Tiere bei. Grundsätzlich sollte er sich nach den Vorlieben der Schildkröten richten. Man muss jedoch bestrebt sein, für Abwechslung zu sorgen. Keinesfalls darf die Verabreichung von »Lieblingsmahlzeiten« in einer einseitigen Ernährung enden. Probieren Sie immer wieder die unterschiedlichsten Futterpflanzen, Gemüse- und Obstsorten aus. Und lassen Sie es niemals bei ein paar Salatblättern bewenden, nur weil sie den Schildkröten anscheinend wunderbar schmecken (und es für Sie bequem ist).
Als Grundregel gilt: Servieren, was der Schildkröte schmeckt, aber immer wieder neue Anreize bieten, damit die Palette des »Lieblingsfutters« möglichst breit bleibt.

Sechs bis zehn Jahre braucht die kleine Landschildkröte, um die Größe ihrer Mutter zu erreichen.

Futter – frisch und gesund

Alles, was man Schildkröten an Grünkost oder Obst anbietet, muss frisch sein. Welkes oder gar angeschimmeltes Futter ist nicht nur schädlich für die Tiere, sondern enthält auch kaum mehr nahrhafte Stoffe.
Wer das Schildkrötenfutter im eigenen Garten anpflanzt, sollte dies nach den heute ja weit verbreiteten Methoden des biologischen Gärtners tun, also weder chemische Pflanzenschutzmittel noch Mineraldünger verwenden. Diese Mittel beeinträchtigen auf Dauer die Gesundheit der Schildkröten.

Müssen Sie das Futter kaufen, sollten Sie nur unbehandeltes Obst und Gemüse nehmen. Falls dies nicht möglich ist, müssen gekaufte Obst- und Gemüsesorten sehr gründlich unter fließendem Wasser gewaschen werden.

TIPP

Europäische Landschildkröten fressen gern Wildpflanzen, beispielsweise die Blätter und Blüten des Löwenzahns, Vogelmiere, Spitz- und Breitwegerich sowie Disteln, deren Stacheln ihnen nichts anhaben können.

Die unterschiedlichsten Wildpflanzen, vielfach als Unkräuter bezeichnet, können für Abwechslung auf dem Speiseplan der Landschildkröten sorgen. Sie sind sogar eine große Bereicherung, da sie weitaus mehr Vitamine enthalten als Treibhausgemüse.
Sammeln Sie die Pflanzen aber nicht in Straßennähe. Durch die Autoabgase sind sie als Futter unbrauchbar geworden! Besseres Futter findet man auf einer Wiese fernab vom Straßenverkehr. Von einem Sonntagsausflug läßt sich so mancher Leckerbissen für Ihre Pfleglinge mitbringen. Im Gemüsefach des Kühlschranks kann man einen Vorrat an Grünfutter für einige Tage aufbewahren.

Ab und zu ein Häppchen tierische Kost

Viele Landschildkröten fressen neben ihrer vegetarischen Hauptnahrung auch hin und wieder Fleisch. Das kann ein Regenwurm sein, der nach einem warmen Sommerregen ihren Weg im Freilandterrarium kreuzt. Im natürlichen Lebensraum fressen sie sogar Aas.
Der Schildkrötenpfleger kann diese Gelüste nach Fleisch, das wertvolle Proteine enthält, mit ein wenig Hackfleisch vom Rind oder Katzenfutter aus der Dose befriedigen. Obwohl manche Schildkröten gar nicht genug von der tierischen Kost bekommen können, sollte man Fleisch dennoch nur selten zufüttern. Landschildkröten sind Vegetarier! Ihr

Schlemmerkost für Schildkröten. Die Tiere mögen Salat, besonders die bitteren Sorten, Gurke, Zucchini, Tomaten, Kohl in kleinen Mengen und alle süßen Obstarten. Öfter mal etwas Neues ausprobieren!

ganzer Stoffwechsel und Verdauungsapparat sind darauf eingestellt. Eine zu eiweißreiche Kost über einen längeren Zeitraum führt zu Gesundheitsstörungen. Vor allem erwachsene Tiere vertragen übermäßiges Füttern mit proteinhaltigem Futter auf Dauer schlecht. Krankheiten wie Gicht oder Blasen- und Nierensteine können die nachteiligen Folgen sein.
Gegen gelegentliches Zufüttern von Fleisch, vor allem nach der Überwinterung oder bei der Aufzucht von Jungtieren, ist nichts einzuwenden.

Unerlässlich für die Ernährung von Landschildkröten sind Vitamin- und Mineralstoffpräparate. Sie sorgen nicht nur für einen festen Panzer, sondern auch für gesunde Knochen.

Futterpellets

Der Zoofachhandel bietet für Landschildkröten diverse Trockenfuttersorten in Pelletform an. Diese Futterpellets haben häufig einen hohen Anteil an tierischem Eiweiß. Jungtiere wachsen bei der Fütterung solcher Kraftnahrung zwar schneller, allerdings besteht bei unsachgemäßer Fütterung die Gefahr von Entwicklungsschäden.
Schildkrötenpellets sollten niemals als Hauptnahrung, sondern immer nur als gelegentliches Beifutter gereicht werden.
Vor dem Verfüttern müssen die Futterpellets in Wasser eingeweicht werden, da sie im Magen der Schildkröte sonst stark quellen.

WICHTIG

Wer für seine Schildkröten Wildpflanzen sammelt, muss ungiftige von giftigen unterscheiden können. Giftpflanzen sind für die Tiere genauso gefährlich wie für Menschen. Informieren Sie sich in einem guten Wildpflanzenbuch. Nehmen Sie im Zweifelsfall nur die Pflanzen mit, die Sie genau kennen. Denken Sie auch daran, dass manche Pflanzen nicht gepflückt werden dürfen, weil sie unter Naturschutz stehen!

Wichtige Futterzusätze

Landschildkröten haben, bedingt durch ihren Körperbau, einen erhöhten Kalziumbedarf. Kalzium oder Kalk wird für den Aufbau von Knochen und Panzer gebraucht.

Auf die Kombination kommt es an
Kalzium ist im Zusammenhang mit dem Vitamin D_3 und Sonnenlicht für eine Schildkröte lebensnotwendig. Nicht das gesamte Farbspektrum des Sonnenlichts ist hierfür notwendig.

Der wichtige Bereich ist das ultraviolette Licht, kurz UV genannt. Es bewirkt, in Verbindung mit Vitamin D_3, dass Kalzium, das über die Nahrung aufgenommen wird, über das Blut den Knochen (und auch dem Panzer) zugeführt und darin eingelagert wird. Ein Mangel oder Ungleichgewicht an Kalzium, Vitamin D_3 oder UV-Licht hat schwerste Wachstumsstörungen zur Folge! Um dem vorzubeugen wird dem Schildkrötenfutter ein Vitamin- und Mineralstoffpräparat zugefügt. Geeignete Präparate gibt es im Zoofachhandel.

TIPP

Wenn eine Landschildkröte vermehrt Steine oder Sand frisst, besteht nicht selten ein Kalziummangel. Dies ist oft bei trächtigen Weibchen zu beobachten. Wegen der Bildung der Eierschalen ist der Kalziumbedarf besonders groß. Dann sollte zusätzlich Kalk, zum Beispiel gestoßene Sepiaschale oder Muschelgrit, zugefüttert werden.

Wenn dann außerdem die Schildkrötenbehausung mit einer UV-Lampe oder einer Spezialleuchtstoffröhre mit UV-Anteil ausgerüstet ist, kann kaum etwas schiefgehen. Die Dosierung des Vitamin- und Mineralstoffpräparates sowie die Bestrahlungsdauer mit der Speziallampe schwankt je nach Ausführung sehr. Erst das richtige Verhältnis zueinander lässt die gewünschte Wirkung aufkommen. Beachten Sie daher genau die Hinweise des Herstellers und lassen Sie sich vom Zoofachhändler beraten.

Richtig füttern

Der Geruchsinn der Landschildkröten ist sehr gut ausgebildet. Wird Futter in das Terrarium gelegt, dauert es nicht lange und schon kommen selbst zuvor versteckte Tiere im beachtlichen Tempo angelaufen. Bevor der erste Bissen gefressen wird, beschnuppert jedes Tier das Futter erst einmal ausgiebig.
»Servieren«: Legen Sie das Futter auf einen flachen Teller, damit es nicht verschmutzt.
Zerkleinern: Größere und härtere Futtersorten werden, der Größe der Schildkröten entsprechend, zerkleinert. Babyschildkröten sollte man also möglichst Häppchen reichen.
Nicht zu klein schneiden: Man würde es den Tieren zu einfach machen. Grünpflanzen, wie Salat, Löwenzahn und Ähnliches, werden deshalb blattweise verfüttert. In der Natur müssen sich die Schildkrötem ihr Futter ja auch »erarbeiten«.
Trinken: Durch den hohen Wassergehalt der Nahrung muss eine Landschildkröte kaum noch trinken. Auch regelmäßiges Baden gleicht den Wasserbedarf aus.
Immer frisch: Das Futter muss absolut frisch gereicht werden. Lassen Sie Verwelktes oder Vergammeltes keinesfalls im Terrarium liegen. Die Bakterien- und Schimmelrasen, die sich bei der Wärme im Terrarium sehr schnell bilden, schaden den Tieren sehr.
Nicht vergessen: Regelmäßig Vitamin- und Mineralstoffpräparate verabreichen. Beachten Sie unbedingt die Packungsbeilage. Die vom Hersteller aufgeführten Empfehlungen müssen genau eingehalten werden, da man sonst eine Erkrankung der Schildkröte riskiert. Und eiweißreiche Nahrung nur sehr sparsam füttern! Zuviel davon ist ungesund.

Pflegearbeiten

Gefahren
In einem Terrarium sind Landschildkröten am sichersten aufgehoben. Falls die Tiere im Zimmer oder Haus unbeaufsichtigt umherlaufen, drohen ihnen Verletzungsgefahren, zum Beispiel Quetschungen durch unvorsichtig geöffnete Zimmertüren. Auch Stürze von Treppen oder versehentliche Fußtritte können Leben und Gesundheit einer Schildkröte im Haus bedrohen. Die oben abgebildete Maurische Landschildkröte hat einen Sturz hinter sich, der eine Beschädigung des Panzers zur Folge hatte.

Die Pflege einer Landschildkröte gestaltet sich sehr übersichtlich. Abgesehen vom täglichen Füttern bleiben nur noch Reinigungsarbeiten übrig.
Bevor eine Schildkröte frisches Futter erhält, werden die alten Futterreste restlos entfernt und der Futternapf gründlich gesäubert.
Da Schildkröten häufig versuchen, im Wassernapf zu baden, sollte der Napf täglich, bei Bedarf sogar mehrmals am Tag, gereinigt und mit frischem Wasser gefüllt werden. Für Schildkrötenbabys und Jungtiere muss immer ein Trinkgefäß mit sauberem Wasser zur Verfügung stehen. Sie haben einen hohen Wasserbedarf. Auf Trockenheit beziehungsweise Wassermangel reagieren sie empfindlich. Bei ausgewachsenen Exemplaren ist es aus hygienischen Gründen sogar sinnvoller auf ein Trinkgefäß zu verzichten und sie stattdessen einmal in der Woche zu baden (siehe Seite 48).
Weitere Arbeiten im Terrarium sind das Entfernen von Kot und die routinemäßige Generalreinigung – mindestens einmal im Monat – mit der teilweisen oder völligen Erneuerung des Bodengrundes.

Schildkröten mögen zwar knackigen Salat, doch er darf nicht die einzige Kost bleiben. Abwechslung ist oberstes Gebot.

EINÖLEN

Das regelmäßige Einölen des Schildkrötenpanzers, wie es früher gang und gäbe war, ist nicht unbedingt notwendig, aber hin und wieder tut es dem Panzer schon gut. Geeignete Produkte werden im Zoofachhandel angeboten. Diese Präparate schützen den Panzer vor dem Austrocknen und sind vor allem bei einer Haltung im Freilandterrarium ein guter Schutz vor Verwitterung.
Verwenden Sie keinesfalls irgendwelche Hausmittelchen wie Salatöl. Sie verkleben die Poren des Panzers!

Wöchentlicher Badespaß

Einmal in der Woche sollten Sie Ihren Pfleglingen ein ausgiebiges, warmes Bad gönnen. Setzen Sie dazu jedes Tier einzeln in eine flache Schüssel mit handwarmem Wasser. Der Wasserstand darf nur so hoch sein, dass das Tier mühelos seinen Kopf heraushalten kann, da es ja atmen muss.
Beim Baden trinken viele Landschildkröten ausgiebig. Auch entleeren die Tiere, angeregt durch das warme Wasser, ihren Darm. Bei jungen Männchen ist außerdem oft ein Ausstülpen des Penis zu beobachten.
Nach dem Baden trocknet man die Schildkröte sorgfältig ab und setzt sie zurück ins warme Terrarium.
Obwohl Europäische Landschildkröten sehr gern baden, sind jedoch zumindest ältere Tiere nicht unbedingt darauf angewiesen. Außerdem sind sie in der Lage, ihren Durst über ihre tägliche Nahrung zu stillen. Frisches Schildkrötenfutter enthält schließlich sehr viel Wasser.

Auf den Rücken gelegt sind Landschildkröten sehr hilflos. In der Sonne können sie sogar durch Überhitzung eingehen. Man muss das Tier sofort wieder auf die Füße stellen!

Krankheiten vorbeugen und erkennen

Wenn eine Schildkröte erkrankt ist, sollte sie möglichst umgehend von einem erfahrenen Tierarzt medizinisch versorgt werden. Bei Fragen zur Schildkrötengesundheit ist er immer hinzuzuziehen. Oft können Sie die

Probleme auch mit Ihrem Zoofachhändler erörtern. In manchen Fällen kann er helfen oder Ihnen bei Bedarf die Adresse eines auf Schildkröten spezialisierten Tierarztes nennen. Ausdrücklich muss man davor warnen, dass der Pfleger Versuche unternimmt, das erkrankte Tier selbst zu heilen. Dieses Kapitel soll Ihnen helfen, Krankheiten vorzubeugen oder sie zu erkennen, sodass Sie frühzeitig einen Fachmann zu Rate ziehen können.

6 Gesundheitszeichen

1 **Eine gesunde Landschildkröte hat klare, saubere Augen.**

2 **Die Nase ist trocken und weist keinerlei Absonderungen auf.**

3 **Das Tier atmet ruhig und lautlos; es sind keinerlei Pfeifgeräusche zu hören.**

4 **Das Tier besitzt kräftige Beine und läuft problemlos.**

5 **Der Panzer ist wohlgeformt und hart. Ausnahme: Bei Babyschildkröten und ganz jungen Tieren ist der Panzer noch weich.**

6 **Der Kot besitzt eine normale Konsistenz (siehe Infokasten oben rechts).**

Mangelerscheinungen – Rachitis

Nicht selten treten Probleme bei der Dosierung der lebenswichtigen Vitamine und Mineralstoffe auf.

Obwohl es eine ganze Reihe geeigneter Präparate im Zoofachhandel gibt, kommt es immer wieder zu Mangelerscheinungen. Die in diesem Zusammenhang am häufigsten auftretende

Warnsignal Kot
Schildkrötenkot besteht in der Regel aus einem weißen und einem dunklen Anteil. Der weiße ist Harnstoff, sozusagen eingedickter und konzentrierter Urin. Der dunkle Bestandteil ist der eigentliche Kot, also die verdaute Nahrung. Beides zusammen ist mehr oder weniger fest.
- Bei Durchfall ist der Kot flüssiger.
- Gelbliche Verfärbungen des Kots weisen auf Störungen des Magen-Darmtrakts hin. Anzeichen solcher Störungen sind auch das Absetzen unverdauter oder nur teilweise verdauter Nahrung oder schleimiger Kot.

Wichtig: Schildkröten setzen manchmal nur einmal die Woche Kot ab. Meistens bei einem Bad. Dies ist völlig normal!

Erkrankung ist die Knochenerweichung, die Rachitis.

Ursache: Eine Rachitis kommt durch eine langfristige und unzulängliche falsche Ernährung zu Stande. Das Verhältnis von Vitaminen und Mineralstoffen (Kalzium) in Verbindung mit der notwendigen UV-Strahlung ist bei Vorliegen einer Rachitis gestört. An dieser Stelle sei auf die Kapitel Ernährung und Vitamine beziehungsweise Fortpflanzung und Aufzucht verwiesen.

Anzeichen: Eine beginnende Rachitis macht sich durch ein Weichwerden des Schildkrötenpanzers bemerkbar.

Behandlung: Durch eine verbesserte Mineralstoffzufuhr kann diese Krankheit in den meisten Fällen wieder behoben werden. Wird sie nicht behandelt, kommt es zu Verwachsungen. Der Rückenpanzer wächst nicht normal glatt mit, sondern wird mit der Zeit

Mangelerscheinungen wie solch eine Höckerbildung lassen sich durch eine ausgewogene Versorgung mit Vitaminen, Mineralstoffen und UV-Licht vermeiden.

höckerig. Vor allem bei dem schnellen Wachstum der Babyschildkröten ist das zu beobachten.
Die Babys können aber auch höckerig wachsen, wenn sie unter Wassermangel, verursacht durch zu trockene Haltung, leiden.
Die Höckerbildung ist nicht mehr rückgängig zu machen. Nur mit zunehmendem Alter und bei bester Versorgung verwächst diese Mangelerscheinung etwas.

Erkältungskrankheiten
Sie treten bei falscher Pflege auf.
Ursachen: Bei einer Haltung im Freilandterrarium ist die Ursache für eine Erkältung meist eine Unterkühlung, hervorgerufen durch eine längere Periode mit nasskalter Witterung. Im beheizten Zimmerterrarium kann Zugluft die Ursache sein. Zugluft vertragen Schildkröten nun mal nicht. Man sollte die Tiere daher nicht im Zimmer auf dem Fußboden umherlaufen lassen. In Bodennähe zieht es meist!

Erhalten Schildkröten ausschließlich zu weiches Futter, können sich die Hornscheiden am Mundrand stark verlängern. Um dieser Störung, Papageienschnabel genannt, vorzubeugen, sollte man seinen Pfleglingen auch härteres Futter verabreichen.

PFLEGEFEHLER UND IHRE FOLGEN

Schnabel

Falsche Ernährung zählt zu den häufigsten Pflegefehlern. Das führt oft zu Schädigungen im Bereich des Schildkrötenmauls.

Ursache
Durch zu weiches Futter nutzen sich die Hornscheiden des Mauls nicht richtig ab.

Anzeichen
Die Folge davon ist ein übermäßiges Wachstum, wodurch der sogenannte Papageienschnabel entsteht (siehe Foto links). Dieser kann schließlich die Nahrungsaufnahme vollständig verhindern.

Behandlung
Der Tierarzt stutzt das Horn wieder auf ein normales Maß. Zudem muss der Schildkrötenhalter den Futterplan umstellen. Der Anteil an weicher Nahrung wird reduziert. Man füttert stattdessen härtere Futterpflanzen (Heu, Gras und Wildkräuter). Die Schildkröte muss das Futter aber abbeißen können.

Krallen

Eine recht häufig vorkommende Folge falscher Pflege sind zu lange Fußnägel.

Ursache und Anzeichen
Wachsen die Krallen zu lang, ist dies in der Regel ein Anzeichen dafür, dass die Schildkröte auf zu weichem Bodengrund gehalten wird. In diesem Fall nutzen sich die Fußnägel beim Laufen nur ungenügend ab.

Behandlung
Mit einer Nagelzange oder – besser noch – einer Spezialzange zum Krallenschneiden kann hier geholfen werden. Aber Vorsicht, nicht zu kurz schneiden, damit die Blutgefäße im Fußnagel nicht verletzt werden. Wer unsicher ist, sollte einen Spezialisten aufsuchen, zum Beispiel einen erfahrenen Zoofachhändler. Er kann die Krallen schneiden und Ihnen den richtigen Schnitt zeigen.

Augen

Man kann auch des Guten zuviel tun.

Ursache
Eine Überdosierung von UV-Licht durch eine zu lange Bestrahlungsdauer hat zum Beispiel meist eine Augenentzündung zur Folge. UV-Licht ist aggressiv! Das weiß jeder, der schon mal einen Sonnenbrand gehabt hat.

Anzeichen
Anfangs tränen die Augen nur. Wird das nicht rechtzeitig erkannt, sind sie schon kurze Zeit später dick zugeschwollen und der Patient liegt lustlos herum.

Behandlung
Der Tierarzt verschreibt eine Salbe gegen Bindehautentzündung. Die Behandlung leitet schnell ein Abheilen der Entzündung ein.

Wichtig
Für die UV-Bestrahlung gilt: Halten Sie die Dosierungsanweisungen unbedingt genau ein!

Falsche Pflege und Ernährungsfehler können bei Landschildkröten erhebliche Gesundheitsstörungen hervorrufen. Diese müssen umgehend behandelt werden. Und natürlich muss man dann die verursachenden Fehler in Zukunft vermeiden.
Nicht vergessen: Beachten Sie unbedingt bei allen Präparaten, die Sie bei der Behandlung oder Pflege Ihrer Landschildkröten verwenden, genau die Gebrauchsanweisungen.

Anzeichen: Sie können in Form eines einfachen Schnupfens mit Nasensekretausfluss auftreten, aber auch als böse Lungenentzündung mit pfeifenden Geräuschen bei jedem Atemzug. Selbst chronisches Asthma hat man schon bei Schildkröten festgestellt, die teilweise Jahrzehnte zu kühl gehalten worden sind.
Behandlung: Erkältungskrankheiten werden in der Regel durch den Tierarzt mit Antibiotika behandelt. Diese Erkrankungen sind zwar wirkungsvoll zu heilen, aber auch leicht zu vermeiden!

Wurmbefall

Ein Befall mit Würmern ist bei Schildkröten nicht auszuschließen.
Ursachen: Wurmeier können im Freilandterrarium oder im Garten über die Nahrung aufgenommen werden. Auch eine Infektion durch das Verfüttern befallener Wildpflanzen ist möglich. Das Abwaschen des Grünfutters hilft nur wenig.

Vorsicht, wenn man Katzenstreu als Bodengrund verwendet. Wenn die Landschildkröte zuviel davon frisst, kann dies zu Verstopfung führen.

TIPP

Bei einer Freilandhaltung findet man an einer Schildkröte ab und zu mal Zecken. Diese Schmarotzer lassen sich mit einer speziellen Zeckenzange (aus dem Zoofachhandel) mit einer Drehbewegung recht einfach entfernen.

Anzeichen: Eine Landschildkröte kann mit diesen Darmschmarotzern ohne weiteres leben, solange der Befall nicht überhand nimmt. Irgendwelche Krankheitsanzeichen sind nicht sichtbar. Probleme gibt es meist erst während der Überwinterung. Dann besteht die Gefahr, dass die Würmer, die sich aus den Eiern entwickelt haben, sich wegen Nahrungsmangels durch die Darmwand bohren. Die Schildkröte stirbt dann meist einige Zeit nach dem Aufwachen.
Vorbeugung: Sicherheitshalber sollte jeder Schildkrötenhalter seine Tiere einmal im Jahr auf Würmer untersuchen lassen. Anhand einer Kotprobe kann der Tierarzt eine Wurminfektion durch die Untersuchung mit dem Mikroskop gut feststellen. Dabei werden die Wurmeier, nicht etwa die Würmer sichtbar. Wenn nötig, wird der Tierarzt ein geeignetes Mittel für eine Wurmkur verordnen.
Die Wurmkur kann auch vorbeugend durchgeführt werden. Die beste Zeit hierfür ist im Spätsommer, sozusagen als besonders frühe Vorbereitung auf die Winterruhe.

So gesund und munter wie diese Maurische Landschildkröte sieht ein artgemäß gepflegtes Tier aus. Wer die Lebensbedürfnisse seiner Schildkröten erfüllt, wird sich selten oder gar nicht Sorgen um ein krankes Tier machen müssen.

Hygiene ist wichtig

Bei einer Kotuntersuchung wird der Tierarzt zusätzlich auf diverse Bakterien achten. Unter ihnen gibt es sehr ansteckende Vertreter wie Salmonellen, Amöben oder Hexamiten. Werden sie frühzeitig entdeckt, lassen sich die Tiere dank der modernen Tiermedizin in aller Regel gut heilen.

Eine Tierkrankheit, die auf den Menschen übertragen werden kann, nennt man Zoonose. Theoretisch besteht die Möglichkeit, dass Pflegepersonen sich anstecken. Doch eine Infektion lässt sich durch Einhaltung einfacher hygienischer Regeln vermeiden, zum Beispiel durch Händewaschen nach Pflegearbeiten im Terrarium oder nach dem Umgang mit den Tieren! Kindern sollte man diese Hygienemaßnahme von Anfang an erklären und sie immer wieder dazu anhalten.

Nachwuchs im Schildkrötenheim

Für viele Schildkrötenliebhaber ist heutzutage die erfolgreiche Nachzucht seiner Pfleglinge die Krönung der Haltung. Obwohl die Nachzucht der Europäischen Landschildkröten nicht immer auf Anhieb gelingt, so bleibt sie bei der Einhaltung einiger Regeln und guter Pflege nicht nur den Experten und Spezialisten vorbehalten.

Die Geschlechtsreife

Je nach Art wird das Alter der Geschlechtsreife unterschiedlich schnell erreicht. Selbst innerhalb einer Art sind Schwankungen zwischen Männchen und Weibchen möglich.
Der Eintritt in die Geschlechtsreife ist nicht nur vom Alter abhängig. So wachsen im Terrarium gepflegte Landschildkröten aufgrund des reichlichen Nahrungsangebots schneller als ihre Verwandten in der Natur. Generell kann man sagen, dass freilebende Landschildkröten je nach Art zwischen 10 und 15 Jahre brauchen, bis sie ins fortpflanzungsfähige Alter kommen. Bei unseren Heimtieren hingegen können die Männchen sich schon nach drei bis fünf Jahren fortpflanzen. Die größer werdenden Weibchen müssen sich allerdings ein bis drei Jahre länger gedulden.
Bei Schildkrötenmännchen, die geschlechtsreif werden, fällt häufig auf, dass sie ihren Penis ausstülpen. Diese Dehnübungen kann man vor allem beim Baden beobachten.
Lange Zeit allein gehaltene Männchen sind nicht selten extrem unverträglich. Sie sollten für einen Paarungsversuch nicht verwendet werden, da sie das Weibchen ernsthaft verletzen könnten.
Schildkrötenweibchen sind in der Lage Sperma zu speichern. So können sie auch Jahre später noch befruchtete Eier legen, auch wenn nun kein Männchen mehr vorhanden ist.

Erst wird geworben

In der asiatischen Mythologie gilt die Landschildkröte als Inbegriff der sexuellen Leistungsfähigkeit. Unermüdlich und voller Ausdauer beschnuppert und umwirbt das Männchen sein auserkorenes Weibchen. Sind schließlich seine Bemühungen von Erfolg gekrönt, wird eine überaus geräuschvolle Paarung vollzogen. Schildkrötenmännchen gehen dabei aber oft recht rüde mit dem Weibchen um. Voller Eifer verfolgt das Männchen das Weibchen,

Fast ist es geschafft. Das Weibchen ist bereit.

Während der Paarung stöhnt und keucht das Männchen erstaunlich laut. Sein Maul ist geöffnet und die Zunge hängt heraus.

um es zu rammen. Mitunter wird das Weibchen auch vom Männchen in die Beine oder in den Hals gebissen und somit am Weglaufen gehindert.

Dann gepaart

Bleibt das Weibchen endlich ruhig sitzen, versucht das Männchen sofort von hinten aufzusteigen, um die Paarung zu vollziehen. Für einen besseren Halt ist nun der eingedrückte Bauchpanzer des Männchens hilfreich.

Eine Paarung kann unterschiedlich lange dauern. Inklusive der zeitaufwendigen Werbung erstreckt sie sich oft über den ganzen Nachmittag.

Da Schildkrötenmännchen mitunter ihre Weibchen sehr oft bedrängen, ist es immer besser mehr Weibchen als Männchen im selben Gehege zu pflegen. Die Weibchen sind dann in der Lage, sich besser zu erholen.

Eine Paarung muss aber nicht immer erfolgreich gewesen sein. Sehr junge Weibchen legen beim ersten Mal oft nur unbefruchtete Eier. Mit zunehmendem Alter wird die Befruchtungsrate immer besser.

Ein Platz für die Eiablage

Etwa einen Monat nach der Paarung wird das Weibchen unruhig. Es sucht einen Eiablageplatz. Geeignete Plätze im Freilandterrarium sind zum Beispiel sonnendurchwärmte Stellen mit lockerem und leicht feuchtem Boden. Auch im Zimmerterrarium ist eine Eiablage nicht ausgeschlossen. Jedoch ist die Nachbildung eines Ablageplatzes infolge der eingeschränkten Platzverhältnisse nicht ganz einfach. Zuweilen reicht es aus, wenn in einer Terrarienecke der Bodengrund aufgefüllt wird. Der ideale Bodengrund ist locker und feuchtkrümelig. Ein Torf-Sand-Gemisch ist beispielsweise gut geeignet.
Sollte trotz aller sichtbaren Bemühungen das legebereite Weibchen nicht ablegen oder einzelne Eier scheinbar willkürlich verlieren, dann ist es höchste Zeit mit dem Tier einen spezialisierten Tierarzt aufzusuchen. Das Weibchen könnte an Legenot leiden!

TIPP

Bei der gemeinsamen Haltung verschiedener Arten kann es vorkommen, dass ein Schildkrötenmännchen sich in der Wahl seiner Partnerin irrt. Aus solch einem „Fehltritt" entsteht sogar hin und wieder Nachwuchs. Im Interesse der Artreinerhaltung sollte man solchen Nachwuchs jedoch vermeiden. Artmischlinge sind in der Regel unfruchtbar.

LEGENOT

**Bei Weibchen, die keinen geeigneten Eiablageplatz finden, kann es zu Problemen bei der Eiablage kommen. Diese Legenot kann nur vom Tierarzt behandelt und mithilfe des Röntgengerätes diagnostiziert werden.
Bei einem trächtigen Weibchen sind auf dem Röntgenbild die Eier sehr gut sichtbar. Der Tierarzt entscheidet dann, wie dringend der Fall ist und leitet unter Umständen die Ablage künstlich ein. Hierzu spritzt er ein wehenförderndes Hormon. Schon nach kurzer Zeit wird das Schildkrötenweibchen seine Eier ablegen. Bemerkt ein Schildkrötenpfleger die Legenot nicht rechtzeitig, so kann das betreffende Tier daran sterben. Manche Züchter lassen sicherheitshalber am Ende des Sommers ihre weiblichen Tiere röntgen.**

Ein Ei nach dem anderen

Landschildkröteneier sind je nach Art oval oder auch kreisrund. Wie die Form so schwanken auch Größe und Gewicht der Eier je nach Schildkrötenart. Zwischen 25 und 40 mm Durchmesser und 10 bis 25 g Gewicht ist vieles möglich.
Auffällig ist ferner, dass jüngere und kleinere Weibchen mit Beginn ihrer Geschlechtsreife kleinere und leichtere Eier legen. Mit zunehmendem Alter und Wachstum nehmen die Eier an Volumen und Gewicht zu. Auch die Anzahl der abgelegten Eier steigt im Lauf der Zeit.
Die Gelegegröße schwankt von Art zu Art beträchtlich. So legen kleinere Arten zumeist nur zwei bis drei Eier, größere Arten dagegen manchmal mehr als ein Dutzend. Außerdem können Landschildkröten, geeignete Witterung und ausreichend Futter vor-

ausgesetzt, sogar zwei- bis dreimal im selben Jahr ein Gelege produzieren! Die Schale eines Landschildkröteneies ist, wie bei einem Vogelei, aus Kalk. Dadurch lässt sich auch der verstärkte Kalziumbedarf trächtiger Weibchen erklären.

Die Eier sind gelegt

Sind die Eier endlich gelegt, dann können sie selten an ihrem ursprünglichen Ablageort bleiben. Sie sind zerbrechlich und gegen Feuchtigkeit- und Temperaturschwankungen sehr empfindlich. Vorsichtig muss man sie ausgraben. Schildkröteneier dürfen nicht gedreht werden! Während die Dotter von Vogeleiern eine Drehbewegung mittels der Hagelschnüre ausgleichen können, besteht bei Schildkröteneiern diese Möglichkeit nicht. Normalerweise wächst der Schildkrötenembryo, im Folgenden Keim genannt, oben auf dem Dotter. Wird das Ei gedreht, so kann es passieren, dass der heranwachsende Keim nun unterhalb des Dotters gerät. Dies kann seine Entwicklung erheblich stören. In diesem Fall sind bei den frisch geschlüpften Schildkröten häufig Missbildungen oder Panzeranomalien zu beobachten. Aber das wäre manchmal das kleinere Übel. In der Regel stirbt der Schildkrötenkeim ab.
Auch durch zu große Trockenheit oder zu hohe beziehungsweise zu niedrige Bruttemperaturen kann die Entwicklung der Schildkröteneier empfindlich gestört werden.

Sicher ausbrüten

Aufgrund all der Unwägbarkeiten überführt man Schildkröteneier zur sicheren Bebrütung besser in einen Brutapparat. Der Zoofachhandel bietet hierfür verschiedene Geräte an. Die

Ein Brutkasten ist der sicherste Ort für Schildkröteneier. Hier stimmen Wärme und Feuchtigkeit, die für ein erfolgreiches Ausbrüten nötig sind.

unterschiedlichen Modelle funktionieren alle nach demselben Prinzip. Es handelt sich um einen isolierten Behälter mit einer regelbaren Heizung. Sehr teure und aufwendige Geräte verfügen sogar über eine automatische Feuchtigkeitsregulierung.

Gut gebettet

In der Regel werden die Schildkröteneier in einer Kunststoffdose auf ein feuchtes Torf-Sand-Gemisch gelegt. Die Eier müssen nicht eingegraben werden. Es reicht aus, kleine Mulden in das Substrat zu drücken und die Eier hineinzulegen.
Manche Züchter verwenden statt des Torf-Sand-Gemisches ein künstliches, steriles Brutsubstrat.
Die Dose mit den Eiern wird abgedeckt, damit die Feuchtigkeit nicht zu schnell verloren geht. Wassertropfen durch Schwitzwasser sollten sich in dem Behälter aber nicht bilden. Deswegen wird die Dose mit ein paar Luftlöchern versehen. Zu hohe Feuchtigkeit lässt genauso wie zu niedrige den Schildkrötenkeim absterben.

»Brutpflege« im Kasten

Die Dose mit den Eiern wird nun in den vorgeheizten Brutapparat überführt. Die Luftfeuchtigkeit sollte hier auf etwa 70 Prozent gehalten werden. Mit einer im Brutapparat stehenden Schale Wasser ist das leicht zu bewerkstelligen. Mit einem Hygrometer wird die Feuchtigkeit kontrolliert. Das Brutsubstrat wird während der Brutdauer ebenfalls immer gleichmäßig feucht gehalten. Bei Bedarf das Substrat mit etwas Wasser anfeuchten.

Wärme bringt Leben

Die bewährte Bruttemperatur liegt bei 27 bis 32 °C. Temperaturschwankungen sollten vermieden werden, weil dadurch häufig der Schildkrötenkeim abstirbt.
Europäische Landschildkröten besitzen keine Geschlechtschromosomen. Das zukünftige Geschlecht wird durch die Bruttemperatur festgelegt! Wird der Brutapparat auf 27 bis 30 °C eingestellt, schlüpfen fast ausschließlich männliche Schildkröten. Bei einer Temperatur von 32 °C erscheinen fast nur noch Weibchen. Dieses erstaunliche Phänomen ist bei vielen Reptilienarten zu beobachten.
Die Dauer bis zum Schlupf der Schildkrötenbabys ist ebenfalls von der Bruttemperatur abhängig. Je höher die Temperatur ist, desto schneller ent-

BEFRUCHTET?

Nach zwei bis drei Wochen kann man schon erkennen, ob ein Ei befruchtet ist und sich entwickelt oder nicht. Um das festzustellen, hält man das Ei gegen eine Taschenlampe und durchleuchtet es. Dabei das Ei nicht drehen! Vor dem Herausnehmen markieren Sie besser die Oberseite der Eier mit einem Filzstift. So können sie sicher und unbeschadet in ihre ursprüngliche Lage in den Brutapparat zurück gelegt werden.
Ist das Ei befruchtet, sind Blutgefäße zu erkennen. Nach einigen weiteren Wochen lassen sich sogar die ersten Bewegungen des Schildkrötenembryos beobachten.

wickeln sich die Eier. Bei einer Bruttemperatur von mehr als 35 °C sterben jedoch fast alle Keime ab!
Bei Temperaturen von 27 bis 32 °C brauchen die Eier der vier in diesem Ratgeberbuch besprochenen Arten bis zum Schlupf 65 bis 78 Tage.

Der Schlupf ist fast geschafft. Das Schildkrötenbaby benötigt nun ein eigenes Quartier, damit die erwachsenen Tiere es nicht unter sich begraben. Viel Aufmerksamkeit seitens des Pflegers muss jetzt für eine gesunde Aufzucht sorgen.

Sonnenbaden bekommt der jungen Griechischen Landschildkröte gut.

Die Jungen schlüpfen

In der Regel kommen Schildkrötenbabys allein aus dem Ei. Sie besitzen an der Schnauzenspitze eine dornartige Spitze: den Eizahn. Damit wird die Eischale von innen angeritzt und anschließend durch Streckbewegungen aufgebrochen.

Oft liegen die Schildkrötenbabys noch einige Tage im Ei. Auf seiner Bauchseite befindet sich meist noch ein Dotterrest. Nach einigen Tagen ist der Dotter aufgezehrt und die kleine Schildkröte beginnt umherzulaufen. Der Eizahn verschwindet.

Schildkröten-Kinderzimmer

Spätestens jetzt sollten die Babys in ein eigenes Terrarium gesetzt werden. Aufgrund der extremen Größenunterschiede sollten die Babys getrennt von den Eltern aufgezogen werden. So vermeidet man das Risiko, dass ein Elterntier ein Schildkrötenbaby unter sich begräbt.

Die Ausstattung des Terrariums ist dieselbe wie für die Elterntiere, nur die Einrichtung sollte der Größe der Jungtiere angepasst sein. Zu grober Bodengrund erschwert den Babyschildkröten das Laufen. Das Aufzuchtterrarium ist feuchter zu halten. Die Tagestemperaturen können dieselben sein wie bei der Pflege älterer Tiere. Nachts aber darf das Terrarium jedoch nicht so stark abkühlen.

Die Babyschildkröten sollten nur stundenweise bei besonders schönem und warmem Wetter in ein separates Freilandgehege gesetzt werden. Eine größere, eingegrabene und mit einem Netz geschützte Holzkiste hat sich hierbei sehr bewährt.

Ein guter Start ins Leben

Schildkrötenbabys sind empfindlicher als erwachsene Tiere. Man sollte ihnen bei der Aufzucht sehr viel Aufmerksamkeit schenken, da schon kleine Fehler schwerwiegende Folgen haben können. Eine gute Kontrollmöglichkeit ist das regelmäßige Wiegen und Messen. Eine gesund aufwachsende Landschildkröte wird gleichbleibend an Gewicht und Größe zunehmen.

Die Babys brauchen mehr Wasser als ältere Tiere, sonst trocknen sie bei Hitze leicht aus. Ein ständig mit sauberem Wasser gefülltes Trinkgefäß ist im Aufzuchtterrarium während des ersten Jahres unerlässlich. Das Gefäß darf nicht zu groß und zu tief sein, sonst kann eine unbeholfene Babyschildkröte darin leicht ertrinken.

Keine Babykost

Gefüttert werden die Kleinen mit demselben Futter wie die Eltern. Bei einer Fütterung mit eiweißreicher Kost, zum Beispiel Katzenfutter aus der Dose, wachsen die Schildkrötenbabys besonders rasch. Auch handelsübliches pelletiertes Schildkrötenfutter wird aufgeweicht gern und gierig gefressen. Dennoch sollte Eiweißreiches nur in Maßen zugefüttert werden. Es würde ein zu schnelles Wachstum bewirken. Die heranwachsenden Tiere benötigen mehr Vitamine und Mineralstoffe als ausgewachsene Tiere. Durch regelmäßiges Zufüttern eines handelsüblichen Präparates kann man auf einfache Art einer Mangelerscheinung vorbeugen. Eine Unterversorgung mit den nötigen Vitaminen und Mineralstoffen hat eine ganze Reihe von Krankheiten zur Folge. Aber auch eine Überdosierung kann zu schwerwiegenden Schäden führen. Beachten Sie unbedingt bei allen Präparaten die Dosierungshinweise des Herstellers, des beratenden Zoofachhändlers oder des Tierarztes.

So werden die Babys groß

Für eine gesunde Aufzucht von Schildkrötenbabys sind nicht nur eine gehaltvolle und abwechslungsreiche Ernährung Bedingung. Auch dem Bedarf an natürlichem Sonnenlicht beziehungsweise ultravioletter Strahlung ist große Aufmerksamkeit zu widmen. Das UV-Spektrum aktiviert die Stoffwechselvorgänge im Schildkrötenkörper erst richtig. So wird im Zusammenwirken mit bestimmten Vitaminen und Mineralstoffen der Landschildkröte ein gesundes und kraftvolles Wachstum ermöglicht. Da in unseren Breiten die Sonne nur recht spärlich scheint, muss man mit einer künstlichen Bestrahlung nachhelfen. Der Zoofachhandel bietet verschiedene Lampentypen an. Die Bestrahlungsdauer ist vom Lampentyp abhängig. Datenblätter des Herstellers und die Empfehlung des Zoofachhändlers können weiterhelfen. Nur ein ausgewogenes Verhältnis zwischen Vitaminen und Mineralstoffen und dem Sonnenlicht oder auch künstlichem UV-Licht schafft die nötige Voraussetzung für eine gesunde Aufzucht.

Sehr viel größer als ein Fünfmarkstück ist das Breitrandschildkrötenbaby noch nicht.

Nützliche Adressen

DGHT – Deutsche Gesellschaft für Herpetologie und Terrarienkunde e. V.
Postfach 1421
53351 Rheinbach
Telefon:
02255/950106
Fax:
02255/1726
Internet:
www.dght.de
Die DGHT gliedert sich in zahlreiche Stadt-, Regional- und Landesgruppen, die sich regelmäßig zu Vorträgen sowie zum Erfahrungs- und Informationsaustausch treffen. Daneben gibt es fachspezifische Arbeitsgruppen, die sich mit einzelnen Tieren, wie zum Beispiel Schildkröten, befassen. Die entsprechenden Anschriften erhalten Sie in der DGHT-Geschäftsstelle.

BNA – Bundesverband für fachgerechten Natur- und Artenschutz e. V.
Postfach 1110
76707 Hambrücken

Spezielles Magazin für Schildkrötenliebhaber:

Schildkröte
Verlag Schildkröte, Postfach, CH-4467 Rothenfluh

Fachzeitschriften

DATZ
Die Aquarien- und Terrarien-Zeitschrift. Eugen Ulmer Verlag, Stuttgart

Herpetofauna
Die Zeitschrift für den Terrarianer. Herpetofauna Verlag, Weinstadt

Reptilia
Terraristik-Fachmagazin. Verlag Natur und Tier, Matthias Schmidt, Münster

Salamandra und Elaphe
Das sind zwei Fachzeitschriften, die von der Gesellschaft für Herpetologie und Terrarienkunde (DGHT, Adresse siehe links) herausgegeben werden. Für Mitglieder der DGHT sind die Zeitschriften im Jahresbeitrag inbegriffen.

Sauria
Terraristik und Herpetologie. Terrariengemeinschaft Berlin e.V.

WEITERDENKEN

Bewährte und allgemein anerkannte Erfahrungen bei der Haltung eines Heimtieres haben den Vorteil, dass Anfänger in der Tierhaltung zuverlässigen, nachvollziehbaren Rat erhalten – so wie in diesem Buch.
Engagierte Experten denken aber auch kritisch und überprüfen immer wieder Bewährtes oder suchen nach noch besseren Möglichkeiten, um ein Tier so artgerecht wie nur irgend machbar halten zu können. So auch bei den Landschildkröten. Hier handelt es sich um die Überwinterung, die ja ein überaus wichtiger, aber auch nicht ganz einfacher Punkt bei der Haltung dieser Tiere ist.

Die vom Autor in diesem Buch beschriebene Überwinterungsmethode hat sich bewährt und wird erfolgreich durchgeführt. Sie ist wichtig, da im Darm verbliebene Kotreste im Zusammenhang mit höheren Temperaturen Darmfäule und andere bedrohliche Schädigungen hervorrufen können. Mit dem Baden in warmem Wasser vor der Winterruhe beugt man also Gesundheitsschäden vor.

Seit einiger Zeit gibt es in Fachkreisen Überlegungen dahingehend, dass einige der bekannten Probleme (wie Futterverweigerung nach dem Winterschlaf und die damit verbundenen eventuellen Folgeschäden aufgrund von Entkräftung) mit einer Schädigung der Darmflora als Folge des intensiven Auskotens während und nach den warmen Bädern (vor der Winterruhe) in Zusammenhang stehen könnten. Hierauf ist man aufmerksam geworden, als man bemerkte, dass diese in Menschenobhut üblichen warmen Bäder in der Natur nicht stattfinden, aber dennoch ein Auskoten zu beobachten ist und es offensichtlich kaum Überwinterungsprobleme gibt, solange die Tiere ihrem Instinkt folgen. Wissenschaftliche Untersuchungen hierüber gibt es noch nicht. Der Anstoß zum Weiterdenken ist gegeben.

Redaktion und Gestaltung: Redaktionsbüro Weinberger, München
Umschlaggestaltung: Plantamedium, Beelen, Claus Dieter Riemer, Burgwedel
Gesamtherstellung: Landbuch-Verlag GmbH, Hannover

ISBN 3784216129

Die Fotografen
Bildagentur IPO, Linsengericht-Altenhaßlau: S. 3 li.+ re., 10, 11, 12, 18, 20 re., 22, 28, 30, 32, 33, 34, 35, 42, 44, 46, 57, 60
Cramm, Raimund, Langenhagen: S. 2, 23 u., 36, 38, 41,
Daum, Rüdiger, Nierstein/Rh.: U1 Freisteller, U1/U4 Hinterleger, U 4, S. 1, 9, 15, 16, 17, 19 li.+ re., 21 li. + re., 24, 25, 31, 37,45, 47 u., 48, 49, 50 o. + u., 52, 54, 55, 59, 61
Hulbert, Felix, Eltville/Rh.: S. 8, 20 li., 23, o., 47 o., 53
Juniors Bildarchiv, Senden: Hoffmann, J., S. 7
Reinhard, Hans, Heiligenkreuzsteinach/Eiterbach: U1 (Hauptmotiv),U2,U3 S. 4, 26

HINWEIS

Alle in diesem Buch enthaltenen Angaben, Daten, Ergebnisse usw. wurden von den Autoren nach bestem Wissen erstellt und von ihnen und dem Verlag mit größtmöglicher Sorgfalt überprüft. Eine Verantwortung und Haftung für etwaige inhaltliche Unrichtigkeiten kann jedoch nicht übernommen werden. Der Haftungsausschluss gilt nicht, soweit nach dem Produkthaftungsgesetz für Personen- und Sachschäden gehaftet wird.

Zum Weiterlesen

Peter Rieth
Das Terrarium – mein Hobby
Dieser qualifizierte Tier-Ratgeber gibt wichtige Tipps und Hinweise für die artgerechte Haltung, Pflege und Unterbringung verschiedener Reptilien und Amphibien. Denn nur bei richtiger Haltung werden die Tiere den Terrarianer mit ihrem munteren Wesen erfreuen und ihr Wohlbefinden auch mit gesundem Nachwuchs ausdrücken.

64 S., 50 Fotos, Din A 5-Format
17,90 DM, 131,– öS, 17,– sFr
ISBN 3 7842 1611 0

Dr. Johannes Jahn
Schildkröten
Wasser- und Landschildkröten werden unterschiedlich gepflegt. Dieser Tier-Ratgeber geht auf die unterschiedlichen Haltungsbedingungen und die Pflege der Tiere ein und gibt Hilfestellungen bei der Einrichtung verschiedener Behälterarten.

136 S., 40 Fotos, 12 x 16,5 cm
12,80 DM, 93,– öS, 12,50 sFr
ISBN 3 7842 1111 9

Klaus Zimniok
Echsen
Dieser Ratgeber vermittelt Ihnen ein geschlossenes Bild von der bezaubernden Welt der Echsen und möchte Natur- und Tierfreunde für diese Tiere begeistern. Hier finden Sie wichtige Informationen zu empfehlenswerten Arten und deren Lebensbedingungen.

111 S., 24 Fotos, 12 x 16,5 cm
12,– DM, 88,– öS, 11,50 sFr
ISBN 3 7907 170 X

HINWEIS

Im Programm des Landbuch-Verlages finden Sie viele Titel mit interessanten Informationen zu Ihrem Heimtier. Hier lesen Sie Wissenswertes zur artgerechten Haltung der verschiedenen Rassen und erhalten viele praktische Tipps.

Weitere Titel aus dem Verlag:

Kurt Rimpp
Die Salamander und Molche Europas

96 S., 16 Fotos, 8 Abb.
9,– DM, 66,– öS, 9,– sFr
ISBN 3 7907 0065 7

Manfred Rogner
Tropische Frösche

112 S., 22 Fotos, 9 Abb.
12,– DM, 88,– öS, 11,50 sFr
ISBN 3 7907 0169 6

Dr. Dieter Schmidt
Schlangen

104 S., 24 Fotos, 7 Zeichn.
14,80 DM, 108,– öS, 14,– sFr
ISBN 3 7842 1113 5

Hermann Seufer
Geckos

136 S., 30 Fotos, 9 Zeichn.
16,80 DM, 129,– öS, 16,– sFr
ISBN 3 7842 1112 7